Haciendo los cambios necesarios en su hogar literalmente trans-formará su vida, mejorándola en todos los aspectos posibles.

—Richard Webster

En su libro *The Importance of Living*, Lin Yutang (1895–1976) escribe que deberíamos arreglar nuestras vidas para asegurar que encontremos la mayor felicidad.

Usted puede encontrarla, y hacerla una parte natural y duradera de su vida, con el antiguo arte chino del feng shui —*Feng Shui para el éxito y la felicidad* le muestra cómo lograrlo—. Las ideas básicas son muy simples y pueden ser fácilmente aplicadas en su hogar. Aprenda los principios para una vida exitosa: ch'i, el pa-kua, los cinco elementos, los nueve sectores, y las direcciones favorables y desfavorables.

Felicidad y buena suerte significan cosas distintas para diferentes personas. Aplicando las técnicas probadas del feng shui en su hogar, puede mejorar la salud, atraer o revivir el amor, fortalecer la espiritualidad, y crear prosperidad para usted y su familia. Organice su vida de acuerdo a los principios del feng shui, y ya sea que viva en un apartamento pequeño o una gran mansión, encontrará que hay espacio para más felicidad y éxito.

El autor

Richard Webster nació en Nueva Zelanda en 1946, lugar donde aún reside. Él viaja frecuentemente alrededor del mundo, dando conferencias y conduciendo talleres sobre temas psíquicos. También ha escrito muchos libros sobre estos temas y además escribe columnas en revistas.

Richard está casado y tiene tres hijos. Su familia apoya su ocupación, pero su hijo mayor, después de observar la carrera de su padre, decidió convertirse en contador.

FENG SHUI
para el éxito y la felicidad

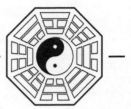

**RICHARD
WEBSTER**
traducido por
Héctor Ramírez Silva
y Edgar Rojas

2003
Llewellyn Español
St. Paul, Minnesota 55164-0383
U.S.A.

PRIMERA EDICIÓN
quinta impresión, 2003

Edición y coordinación general: Edgar Rojas
Diseño del interior: Pam Keesey, Amy Rost
Diseño de la portada: Tom Grewe
Ilustraciones interiores: Jeannie Ferguson
Título original: *Feng Shui for Success & Happiness*
Traducción al Español: Héctor Ramírez Silva, Edgar Rojas

Librería del Congreso. Información sobre esta publicación.
Library of Congress Cataloging-in-Publication Data

Webster, Richard, 1946-
    [Feng shui for success & happiness. Spanish]
    Feng shui para el éxito y la felicidad / Richard Webster; traducido por Héctor Ramírez Silva y Edgar Rojas.-- 1. ed.
    p. cm.
    Includes bibliographical references and index.
    ISBN 1-56718-820-6
    1. Feng-shui. I. Title.

BF1779.F4 W438 2000
133.3'337--dc21   99-462042

Llewellyn Español
Una división de Llewellyn Worldwide, Ltd.
P.O. Box 64383, Dept. 1-56718-820-6
St. Paul, Minnesota 55164-0383 – U. S. A.
www.llewellynespanol.com

 Impreso en los Estados Unidos en papel reciclado

Otros libros en Español por el autor

Almas gemelas

Ángeles guardianes y Guías espirituales

Escriba su propia magia

Feng Shui para la casa

Feng Shui para el apartamento

Las Cartas (a publicarse en diciembre 2002)

Poderes psíquicos de las mascotas (a publicarse en febrero 2003)

Regrese a sus vidas pasadas

Dedicación

Para Tai Lau (1903–1998)
El maestro que rehusó a llamarse maestro

Contents

Introducción

Una alegría dispersa cien penas.

—Proverbio chino

Hace muchos años, un sabio me dio el secreto de la felicidad. Era increíblemente simple y al mismo tiempo profundo. Me dijo, "si desea ser feliz, sea feliz".

Fue un excelente consejo que he tratado de seguir desde entonces. Sin embargo, no siempre es fácil mantenerse feliz cuando el ambiente está en contra. Tengo unos amigos que vivieron cerca a un aeropuerto importante durante años. La casa donde vivían era hermosa y perfecta para sus necesidades, pero el constante ruido de los aviones despegando o aterrizando los obligó finalmente a mudarse.

Otras personas que conozco viven en el recodo de una calle principal. La casa recibe toda la noche las luces de los carros que por ahí pasan. Ssufrieron de insomnio durante meses, hasta que levantaron una gran pared para protegerse. Aunque no lo sabían en ese momento, habían usado un remedio común del feng shui para solucionar el problema.

Nuestros amigos del primer caso resolvieron su incomodidad mudándose a otra casa, mientras los otros hicieron desaparecer el problema. Sin embargo, ninguna de las familias habría sido completamente feliz si no hubieran hecho algo para cambiar la situación.

Afortunadamente, hay una forma de vivir en armonía con el entorno. Es el antiguo arte del feng shui que cuando es aplicado, puede darle una vida de felicidad y abundancia. El término "feng shui" significa "viento y agua". Hace cinco mil años, los chinos descubrieron que la vida era mucho más placentera morando en una casa que mirara hacia el sur, con colinas detrás de ella para protegerse de los fríos vientos del Norte, y con agua fluyendo suavemente enfrente. Desde este inicio, el arte del feng shui se desarrolló a través de un proceso de experimentación, y actualmente se ha extendido alrededor del mundo, siendo más popular que nunca antes.

Los chinos siempre se han interesado por símbolos que representan buena suerte. Para ellos, la buena fortuna no está limitada a un posible suceso de suerte, como ganar una lotería. Esto también incluye ...

... una vida saludable y duradera.

... muchos hijos hombres para continuar la línea familiar.

... una buena reputación.

... prosperidad material.

... un matrimonio feliz.

... buenos amigos.

... una carrera exitosa.

... honor y respeto de los demás.

De hecho, viviendo en el mundo occidental pueden no ser necesarios todos estos indicadores chinos de buena suerte. Naturalmente, un gran número de personas escoge su propia forma de vida, y muchos prefieren no tener hijos. Usted puede ser perfectamente feliz sin pareja o hijos. Depende por completo de lo que desee. Felicidad y buena fortuna significan cosas distintas para diferentes personas. Es prácticamente imposible definir la felicidad. Joseph Spence escribió: "La felicidad en la vida es algo tan bueno que, al igual que la planta sensible, se reduce incluso pensando en ella"[1]. Soy muy feliz acostado en la cama con un buen libro. Mi cuñado disfruta al máximo haciendo trabajos de mantenimiento en la casa. Yo no me siento bien pintando y reparando la casa, y dudo mucho que él sienta placer leyendo un libro en la cama. Sin embargo, ambos somos igualmente felices cuando estamos haciendo lo que nos gusta.

En su libro *The Importance of Living*, Lin Yutang (1895–1976) sostiene que el propósito de la vida es disfrutarla[2]. Dice que en lugar de encontrar un propósito, debemos organizar nuestras vidas para asegurar la mayor felicidad posible.

La felicidad es usualmente encontrada en las pequeñas cosas. Un paisaje agradable, una mañana perezosa en cama, una merienda, o una botella de vino compartida con un amigo puede a menudo traer más felicidad que recibir un gran aumento o premio. De hecho, cuando estamos felices, nunca analizamos tal sentimiento, simplemente lo disfrutamos.

Chin Shengt'an, un famoso crítico chino del siglo diecisiete, estuvo una vez atrapado por el mal clima en un templo durante diez días. Mientras se encontraba ahí, hizo una lista de treinta y tres momentos felices que incluían cortar una sandía madura en una tarde de verano, abrir una ventana para que salga una avispa, y observar cómo cae nieve suavemente.

Poco antes que muriera, Lord Byron le dijo a un amigo que había sido feliz sólo tres horas en su vida[3]. Una disposición melancólica puede ser útil para un poeta que expresa sus emociones sobre un papel, pero es trágico alcanzar sólo tres horas de felicidad en toda una vida.

De hecho, la perspectiva de Chin Shengt'an es la que debemos tener en cuenta, y no la afirmación de Lord Byron. Encontrar placer en pequeñas cosas es una excelente receta para la felicidad.

En este libro aprenderá cómo activar las diferentes partes de su casa, sea un apartamento de una sola habitación o una gran mansión, para mejorar su entorno y lograr felicidad y abundancia.

1

Feng Shui y la felicidad

Sentir la existencia es la mayor felicidad[1].

—Benjamin Disraeli

Al igual que en otras partes del mundo, la vida en China era muy difícil hace cinco mil años. La mayoría de personas vivían cerca a los ríos y el mar, y se alimentaban de pescado y arroz. Trabajaban duro, sin embargo eran felices casi todo el tiempo. Confucio (551–479 a. de C.), el famoso filósofo chino, dio un profundo consejo cuando dijo: "Con sólo arroz para comer, sólo agua para tomar, y mi brazo doblado como almohada, soy feliz"[2]. El da a entender que la felicidad viene de una rica vida interior, en lugar de posesiones materiales.

Desde luego, en la época de Confucio, los siervos sufrieron constantemente por la falta de alimentos, y el carácter chino para la felicidad (*fu*) se derivó de la idea de un estómago satisfecho. Hambriento o no, las personas de este tiempo notaron que diferentes ambientes tenían una relación directa con la buena suerte y la felicidad. Posteriormente, estos factores se harían famosos como feng shui, el arte de vivir en armonía con la tierra.

Nadie sabe exactamente cómo o cuándo se originó el feng shui. De acuerdo a la leyenda, se inició cuando una gran tortuga salió del Río Amarillo hace cinco mil años, mientras Wu de Hsia y sus hombres hacían trabajos de irrigación en dicho lugar (Figura 1A). En ese tiempo, los chinos creían que los dioses vivían dentro del caparazón de las tortugas, por eso la aparición repentina de uno de estos animales era considerada un buen presagio. Cuando miraron más detalladamente la tortuga, encontraron que las marcas sobre su caparazón creaban un cuadrado mágico:

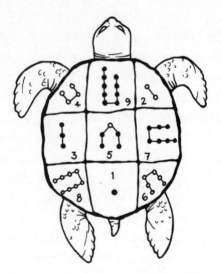

Figura 1A: Tortuga con el cuadrado mágico

$$4 \quad 9 \quad 2$$
$$3 \quad 5 \quad 7$$
$$8 \quad 1 \quad 6$$

Cada una de las hileras, horizontales, verticales y diagonales, sumaban el número quince. Esto fue considerado tan extraordinario que Wu reunió un grupo de sabios, y ellos estudiaron el fenómeno durante mucho tiempo. Finalmente, originaron las bases, no sólo del feng shui, sino también del I Ching, la astrología y numerología china[3]. En parte a causa de este descubrimiento, Wu se convirtió en el primer emperador de la prehistoria china. Debido a que sucedió hace tanto tiempo, nadie sabe si la historia es o no verdadera; incluso no se sabe a ciencia cierta si Wu realmente existió. Sin embargo, es una encantadora historia que demuestra la antigüedad del feng shui.

El feng shui se basa en principios simples que observaremos antes de que los ponga en práctica en su propio ambiente.

Ch'i

El ch'i es la fuerza vital universal que se encuentra en todo lo viviente. Es creado donde hay belleza, o cuando algo se hace a la perfección. Por consiguiente, tanto un hermoso jardín como un atleta corriendo una milla en menos de cuatro minutos estarían creando ch'i.

El lugar perfecto para vivir es aquel donde hay abundancia de esta energía. Por esta razón los antiguos chinos tomaban como ideal una casa con colinas atrás y agua fluyendo suavemente enfrente. Las colinas protegen la casa de los fuertes y fríos vientos del Norte que se llevan el ch'i. El agua fluyendo suavemente crea abundancia de ch'i que beneficia a la familia. Un torrente fuerte de agua arrastraría toda esta energía. Feng shui significa "viento y agua", pero se requieren brisas suaves y agua de lento movimiento para crear suficiente ch'i y un buen ambiente.

Yin y Yang

Los antiguos chinos también creían que el universo estaba en constante movimiento, y todo podía ser descrito en términos de yin o yang. El legendario símbolo taoísta del universo muestra claramente esto. Es un círculo que contiene dos figuras en forma de renacuajos (Figura 1B). Una es negra con un punto blanco dentro, y representa el yin. La otra representa el yang y es blanca con un punto negro dentro.

El punto negro dentro de lo blanco, y viceversa, muestran que el yin no puede existir sin el yang, y éste no puede existir sin el yin. Los antiguos nunca trataron de definir yin y yang, pero disfrutaban hacer listas de opuestos para representarlos, como el "día y la noche". Si no hubiera noche no habría día. Estos son otros ejemplos:

Blanco y negro

Largo y corto

Seco y mojado

Caliente y frío

Hombre y mujer

Figura 1B: El símbolo yin-yang

Alto y bajo

Cielo y tierra

Las palabras "yin" y "yang" significan los lados opuestos de una colina. El yin representa las pendientes sombreadas del lado Norte, mientras yang simboliza el lado soleado del Sur.

Todas las áreas elevadas, como colinas y montañas, son descritas como yang, y los terrenos planos son considerados yin. Las pagodas fueron inventadas para crear energía yang en lugares demasiado llanos (demasiado yin).

Debemos obtener un equilibrio de yin y yang en nuestras vidas. Según los chinos el sitio ideal para vivir contenía yang (las colinas atrás) y yin (el terreno plano y el agua moviéndose lentamente enfrente).

Cada uno de estos dos opuestos trata constantemente de dominar el otro. Por consiguiente, en primavera el yang se incrementa y el yin decrece. En verano, el yang alcanza su máximo poder, pero disminuye de nuevo en el otoño. En el invierno el yin es mucho más poderoso que el yang. Este ciclo continúa sin cesar año tras año.

Los cinco elementos

Hay cinco elementos en el feng shui, y simbólicamente todo en el universo está compuesto por ellos. En el horóscopo chino, usted está hecho de una mezcla de la mayoría o todos estos elementos. En el feng shui, el elemento personal más importante es derivado del año de nacimiento. Puede buscar el suyo en el apéndice al final de este libro.

Los cinco elementos son madera, fuego, tierra, metal y agua, y pueden ser arreglados de diversas formas.

En el Ciclo de Producción (Figura 1C), cada elemento ayuda y alimenta el elemento que está a su lado. Por ejemplo, la madera arde y crea fuego. El fuego produce cenizas, las cuales originan tierra. De la Tierra derivamos metal, y éste a su vez simbólicamente se licúa para crear agua, la cual alimenta y produce madera.

El Ciclo de Destrucción hace lo opuesto (Figura 1D). El fuego funde el metal. El metal corta la madera. La madera agota la tierra. La tierra represa y bloquea el agua. El agua apaga el fuego.

La madera arde
y crea fuego.

Fuego produce tierra

El agua alimenta la madera.

Tierra crea metal.

Agua

Metal
licua.

**Figura 1C: El Ciclo de Producción de
los cinco elementos**

Madera

La madera es un elemento creativo, sociable y encantador. Si posee una gran cantidad de ella en su composición, tendrá estos atributos y el potencial para expresarse creativamente de alguna forma. La madera también puede ser representada por plantas en macetas y flores recientemente cortadas.

Fuego

El fuego es un elemento activo. Tiene cualidades de liderazgo. Sin embargo, aunque este elemento puede calentar y alimentar, también arde y destruye. Por consiguiente necesita ser tratado con precaución. En el hogar puede ser representado por llamas o velas, aunque no siempre es conveniente. Afortunadamente, también puede ser simbolizado con cualquier cosa de color rojo.

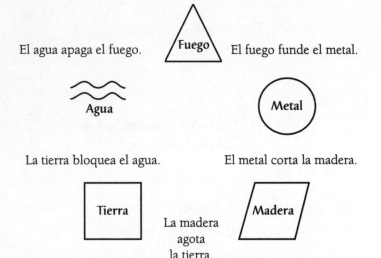

Figura 1D: El Ciclo de Destrucción de los cinco elementos

Tierra

La tierra es estable, confiable, paciente y metódica. Puede ser también testaruda y exigente. Se relaciona con bienes raíces, herencias, y los resultados obtenidos a través de la paciencia y el duro trabajo. La tierra puede ser representada con el color amarillo. En la casa puede simbolizarse con elementos de cerámica.

Metal

El metal es relacionado con negocios, dinero y éxito. Aunque a menudo significa éxito material, puede también ser destructivo en forma de espada o cuchillo. El metal puede ser representado con blanco, oro y colores metálicos. En la casa, se puede simbolizar con cualquier cosa metálica. Idealmente debería ser un objeto atractivo hecho de un metal precioso o semiprecioso.

Agua

El agua se relaciona con viajes, aprendizaje y comunicación. Puede alimentar o destruir, en una lluvia suave o un huracán torrencial. En la casa puede ser representada por elementos de color negro o azul.

Necesitamos que nuestro elemento personal esté presente en nuestro ambiente. También debemos tener el elemento que precede al nuestro en el ciclo de producción, ya que éste ayuda a crear nuestro elemento personal.

Lógicamente pueden surgir problemas cuando en la casa vive más de una persona. En el pasado, los elementos personales del hombre de la casa tenían prioridad. Hoy en día, es usualmente el elemento de la persona que trae más dinero al hogar.

En la práctica, el elemento de la cabeza de la familia es usado en las habitaciones principales, y los elementos de los otros miembros de la casa son puestos en las alcobas que más utilizan.

Idealmente, su pareja debe pertenecer a un elemento que sea compatible con el suyo en el Ciclo de Producción. Si los dos elementos son seguidos en el Ciclo de Destrucción, necesitará usar un elemento neutralizante para eliminar las dificultades potenciales.

Para ello usamos el Ciclo de Reducción. Este ubica los elementos en el mismo orden del Ciclo de Producción, pero es leído en sentido contrario a las manecillas del reloj. Por consiguiente, la madera se origina del agua, el agua corroe el metal, el metal es creado de la tierra, la tierra puede apagar el fuego, y el fuego quema la madera.

Por ejemplo, digamos que usted pertenece al elemento metal y su pareja a la madera. Estos dos elementos están seguidos en el Ciclo de Destrucción. Hay posibilidad de problemas, pero podemos neutralizar los efectos negativos incluyendo objetos de agua en la casa, ya que este elemento se encuentra entre el metal y la madera en el Ciclo de Reducción. En este caso el remedio ideal sería un acuario o una fuente pequeña.

Ahora supongamos que usted pertenece al elemento
fuego y su pareja al elemento agua. Un buen remedio sería
tener en la casa algo del elemento madera, ya que se
encuentra entre el fuego y el agua en el Ciclo de Reducción. Una buena opción sería colocar plantas en macetas o
flores frescas.

Haciendo todo esto podemos resolver problemas que
puedan surgir. Es difícil ser feliz estando rodeado de problemas. Afortunadamente, el feng shui le permite vivir en
armonía con todas las cosas (incluyendo la pareja), y tiene
un remedio para casi todos los inconvenientes.

Shars

Los shars, frecuentemente llamados "flechas venenosas",
son líneas rectas y ángulos que pueden producir mala
suerte o desgracias. Simplemente significa que existe la
posibilidad de que ocurran desastres.

En la antigua China creían que los fantasmas podían viajar sólo en líneas rectas. Por tal razón es usual ver cuadros
de puentes que atraviesan en zigzag lagos ornamentales.
Esto se hace para prevenir que los fantasmas pasen a través
de ellos.

Los shars se crean de diversas formas. Cualquier línea
recta que apunte directamente hacia su casa es un shar. Por
ejemplo, si su vivienda está situada al final de un cruce en T,
tendrá una calle apuntando directo hacia ella, creando un

shar significativo. Otros shars comunes son causados por líneas de energía o líneas de los techos de casas vecinas.

También pueden originarse por ángulos que crean una flecha que apunta hacia usted. La esquina de una casa vecina crea un shar si está en ángulo respecto a la suya.

Todos los shars tienen un potencial de peligro. Los más dañinos son los que se dirigen directo hacia la puerta frontal de su casa.

Afortunadamente, los shars dejan de existir al no ser vistos. Por consiguiente, una pared, una cerca, o un seto podrían ser usados para eliminar el shar causado por la calle que apunta directo hacia su casa (Figura 1E).

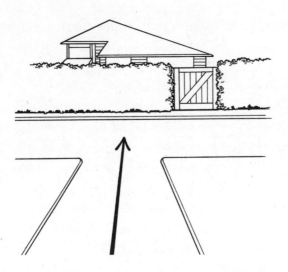

Figura 1E: Ocultar un shar

A veces un shar no puede ser eliminado de esta forma. Sin embargo, hay virtualmente un remedio para todo en el feng shui. Un espejo pequeño, conocido como pa-kua, puede ser usado para enviar el shar de regreso a su lugar de origen. Un pa-kua es una pieza de madera de ocho lados con un espejo pequeño y redondo en el centro. Alrededor del espejo se encuentran los ocho triagramas del I Ching (Figura 1F).

Los espejos son considerados yin, o pasivos. Sin embargo, cuando los triagramas son localizados alrededor de ellos, se convierten en yang, o activos. El pa-kua puede ser localizado encima de la puerta frontal. Simbólicamente captura el shar en el espejo y lo envía de regreso a donde se originó.

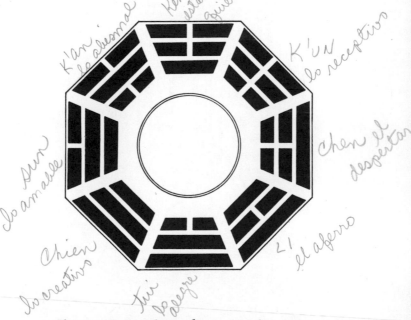

Figura 1F: Espejo pa-kua con triagramas

Los pa-kuas deben ser usados sólo afuera de la casa. Hay tres tipos diferentes. Los que tienen espejos planos reflejan el shar de regreso a su lugar de origen. Los que tienen espejos cóncavos absorben las energías negativas. Los más peligrosos contienen espejos convexos que reflejan el shar hacia todas las direcciones. Estos en particular nunca deben ser usados sin consultar primero a un practicante experimentado de feng shui.

Es posible que usted tenga shars en su propiedad, e incluso dentro de su casa. Un camino recto que avance desde la acera hasta su puerta frontal es efectivamente una flecha venenosa. También crea un shar un pasillo largo y recto dentro de la casa (Figura 1G). Una habitación en

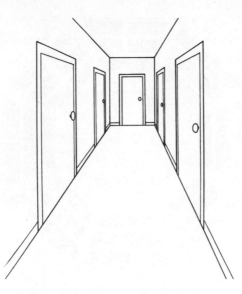

Figura 1G: El shar creado por un pasillo largo y recto

forma de L es afectada por un shar creado por las dos paredes que forman un ángulo que se proyecta a través de ella.
Las vigas expuestas también originan shars. Aunque
lucen atractivas, pueden causar efectos negativos a una persona que pase mucho tiempo directamente debajo de ellas.
Asegúrese que las sillas y los sofás no estén localizados
debajo de estos travesaños. Revise también su ambiente de
trabajo, es probable que sufra dolores de cabeza si trabaja
bajo una viga durante mucho tiempo.

Remedios

En el feng shui hay prácticamente un remedio para cualquier
problema (las dos excepciones son agua fluyendo debajo de
la casa y líneas de energía de alto voltaje por encima).

Las luces son extremadamente beneficiosas —hacen que
la casa se sienta cálida y acogedora—. También atraen ch'i
y pueden ser usadas para activarlo en la parte de la casa
que desee.

Es importante que la entrada principal de su casa esté
bien iluminada, ya que por ahí entra la mayor cantidad de
ch'i. Si es difícil para sus visitas encontrar la puerta frontal,
también le será para el ch'i.

Las luces también pueden usarse para balancear habitaciones de forma irregular. En Taiwan, se utilizan lámparas
exteriores para simbólicamente "corregir" casas en forma de
L (Figura 1H).

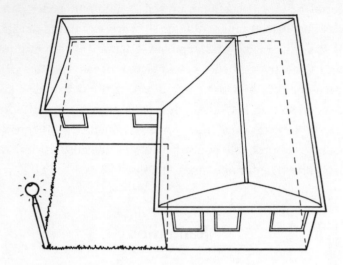

**Figura 1H: Lámpara usada para "corregir"
la forma en L**

Toda iluminación es favorable, pero las arañas de luces son particularmente útiles, pues reflejan el ch'i en todas las direcciones. Los cristales sirven para el mismo propósito a menor escala.

Los espejos también pueden ser remedios efectivos. Reflejan vistas exteriores agradables, hacen que habitaciones pequeñas se vean más grandes, y reflejan la luz en áreas oscuras. En el feng shui es importante poder ver la puerta de la alcoba mientras se está en cama, sin tener que voltear la cabeza más de noventa grados. Si por alguna razón esto no es posible, se puede usar un espejo que permita observar la entrada.

También se cree que la calidad de la comida es afectada si el cocinero no puede ver la entrada a la cocina mientras prepara los alimentos. Si es necesario, se puede ubicar un espejo al lado de la estufa, el cual permite que quien cocina observe la entrada que está a su espalda.

A propósito, en China, los espejos son frecuentemente localizados alrededor de la estufa para simbólicamente "duplicar" los alimentos que están siendo preparados, representando abundancia. Por la misma razón, los espejos son a menudo usados en el comedor, donde se duplica simbólicamente la cantidad de comida que hay sobre la mesa.

En general, los espejos deben ser tan grandes como sea posible. Esto se debe a que los pequeños "cortan" simbólicamente la cabeza y los pies de las personas.

Las plantas también son remedios efectivos del feng shui, y simbolizan crecimiento y vida. Naturalmente, necesitan estar saludables. Las plantas marchitas crean ch'i negativo, y deberían ser reemplazadas lo más pronto posible. Las artificiales también funcionan, pero necesitan ser mantenidas limpias. Las flores secas no son convenientes, ya que toda el agua ha sido removida de ellas.

Las plantas también pueden ser usadas para ocultar o eliminar shars. Por ejemplo, la esquina aguda de un escritorio se podría ocultar con una planta de maceta.

Exteriormente, las plantas son probablemente el remedio más efectivo de todos. Se pueden cultivar árboles detrás de la casa para proveer protección simbólica a sus ocupantes, y protección real contra los fuertes vientos. También pueden ser usados para eliminar shars que provienen de fuera de la propiedad. Los árboles de hoja perenne son los mejores para este propósito. Sin embargo, los árboles pueden convertirse en shars. Si son plantados demasiado cerca a la casa podrían obstaculizar la entrada de luz solar, y durante los meses de invierno las ramas que sueltan sus hojas pueden volverse flechas venenosas.

Las campanas de viento son remedios atractivos del feng shui. El movimiento y el sonido pueden revitalizar áreas que necesitan ser activadas. Es posible obtener campanas de viento que se relacionen con su elemento personal, ya que son disponibles en una amplia variedad de materiales. Alternativamente, puede usar campanas de metal que son pintadas para modificar el color y así representar el elemento personal. Los sonidos agradables que producen las campanas de viento le recordarán que el ch'i está fluyendo.

Es importante que sus campanas de viento estén hechas con cilindros huecos para que de esta forma fluya ch'i dentro de ellos. Otros objetos huecos tales como flautas pueden también ser usados como remedios. Las flautas son remedios comunes para travesaños.

Los animales vivos también crean y activan ch'i. Es raro encontrar en Oriente una casa que no tenga pájaros pequeños o un acuario. El agua simboliza dinero y los peces progreso. Juntos crean una afirmación silenciosa que representa prosperidad. Idealmente, el acuario debe ser suficientemente grande para contener nueve peces: ocho dorados, que simbolizan progreso, y uno negro, que representa protección.

El agua en movimiento también provee protección y atrae ch'i beneficioso. Las fuentes interiores se volvieron populares en años recientes, aprovechando el ch'i bueno que ellas proveen tanto adentro como afuera.

Las fuentes y estanques externos casi siempre crean buen feng shui. Naturalmente, el agua debe ser limpia y fresca. Si está estancada o es sucia y maloliente, crea ch'i negativo. Las piscinas en forma de riñón también proveen protección ya que parece que envolvieran la casa.

Los objetos grandes o pesados también pueden ser usados como remedios del feng shui, especialmente en casos donde el ambiente es demasiado yin (demasiado llano). También pueden utilizarse para balancear una habitación donde la mayoría de muebles están a un lado, creando desequilibrio.

Los colores son frecuentemente usados como remedios. La mejor forma de usarlos para tal propósito es considerar los elementos personales de los ocupantes de la casa, y usar los colores que se relacionen con estos elementos, o el color del elemento que precede el de ellos en el Ciclo de Producción.

Los principios de una vida exitosa

Los chinos tienen un dicho que lista los cinco principios básicos de una vida exitosa. También demuestra lo importante que es el feng shui en sus vidas. Es como sigue: "Primero viene el destino, luego la suerte, posteriormente aparece el feng shui, que a su vez es seguido por la filantropía y la educación".

El destino está determinado por el horóscopo, y claramente revela las fortalezas, las debilidades y el potencial de cada uno de nosotros. No podemos evitarlo. Algunas personas nacen de padres ricos y tienen todas las oportunidades posibles. Sin embargo, sin un fuerte horóscopo, no alcanzarán nada. Otros individuos vienen al mundo en circunstancias mucho más modestas. Tal vez sus padres no pueden alimentarlos o educarlos. Pero si poseen un fuerte horóscopo, superarán las limitaciones y finalmente tendrán éxito.

Luego viene la suerte. Los chinos creen que podemos mejorarla trabajando sobre los otros cuatro principios. Esto también se relaciona con el pensamiento positivo. Si esperamos que sucedan cosas buenas, es más probable que ocurran. Lo mismo es aplicable cuando somos negativos y temerosos, ya que atraemos todo lo que pensamos.

Posteriormente aparece el feng shui. Usando los principios de este arte, podemos vivir en armonía con el mundo y todo el que esté en él. Haciendo esto, automáticamente mejoramos la calidad de nuestras vidas.

En cuarto lugar viene la filantropía. Debemos dar sin esperar retribución alguna. Esto se relaciona con el karma. Si hacemos cosas buenas por los demás, tarde o temprano recibiremos la recompensa. Obviamente, si perjudicamos a los demás, tendremos que pagar por lo que hemos hecho.

Finalmente está la educación, que debe ser un proceso a lo largo de la vida para mantenernos al día con lo que está en el mundo que nos rodea.

En muchas formas estos cinco principios son también una receta para la felicidad. Si usamos lo máximo de nuestro potencial, mantenemos una actitud positiva, vivimos en armonía con el mundo, ayudamos a otras personas, y aprendemos constantemente, estamos destinados a ser felices.

Hay otro dicho famoso en la China: "La felicidad es un río. Puede rodearlo, pero usted tiene que seguir nadando". El mensaje es que también se requiere persistencia. Nada valioso sucede sin el suficiente trabajo duro. Si usamos nuestro destino, la suerte, el feng shui, la filantropía y la educación, y además adicionamos persistencia, estaremos realizados y felices.

2

Feng Shui en el hogar

Nuestras casas deben estar localizadas donde podamos ser completamente nosotros mismos. En ella debemos relajarnos y olvidar todos los problemas del mundo exterior. Por consiguiente, muchos de nuestros momentos más felices probablemente sucedan en nuestro hogar.

Usando el feng shui, también podemos hacer modificaciones menores a diferentes partes de la casa para traer más éxito y felicidad a nuestras vidas.

Después de vivir en ella por algún tiempo, es difícil ser objetivos. Sin embargo, es buen ejercicio hacer esto de vez en cuando. Es probable que se asombre del número de cosas de su casa que un extraño notaría, y que usted pasa por alto día a día.

Comience la evaluación a cincuenta yardas de su casa. Camine hacia ella, observando si hay shars que puede remediar. Examine la entrada. Desde el punto de vista del feng shui debería ser curva, y no una recta que apunte directamente hacia su vivienda. Flores a cada lado de la entrada crean ch'i beneficioso, y actúan como remedio parcial si ésta es recta (Figura 2A). El camino de entrada no debe ser más ancho en la puerta de la casa comparada con la calle, ya que esto reduce oportunidades financieras.

La puerta frontal

Observe si las personas que visitan su casa pueden encontrar la puerta frontal fácilmente. Debe estar bien iluminada y brindar bienvenida. La mayor parte del ch'i que entra a su casa lo hace a través del frente. Por consiguiente, necesitamos que sea atractiva, tenga buena iluminación y luzca lo más acogedora posible.

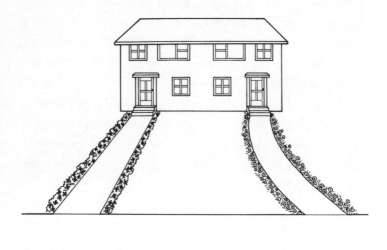

Figura 2A: Flores como remedio

¿Está la puerta frontal en proporción con el resto de la casa? Se cree que si es demasiado grande origina problemas financieros. Las puertas frontales pequeñas tienden a sofocar a los habitantes de la casa, causando fricción, tensión y disputas.

Párese en la puerta frontal y mire hacia afuera para localizar los shars que la están atacando. Los más comunes son creados por los techos de casas vecinas, cercas, postes de energía, o edificios muy grandes cerca a su casa. La puerta del frente es el factor individual más importante del feng shui, por eso es necesario rectificar lo más pronto posible el ataque de cualquier shar. Unos remedios efectivos en este caso son las paredes y los árboles, que sirven como protección.

Cuando se ubique en la puerta frontal debería poder ver parte del interior de la casa. El vestíbulo de la entrada debe estar bien iluminado y ser acogedor. Las entradas oscuras inhiben el ingreso de ch'i, lo que finalmente afecta el bienestar de todos los que viven en la casa. Una buena iluminación y espejos grandes son remedios efectivos en este caso.

Los espejos grandes pueden ser usados para hacer que un vestíbulo pequeño parezca más amplio, y las divisiones sirven para que una entrada demasiado grande se vea más pequeña.

La puerta frontal no debe mirar hacia una escalera ascendente, ya que esto confunde el ch'i. También es probable que miembros de la familia entren por esta puerta y se dirijan directo a sus habitaciones privadas, en lugar de pasar un tiempo con los otros ocupantes de la casa. El remedio para esto es colgar un cristal o una araña de luces en el techo, a medio camino entre la puerta frontal y la escalera. De esta forma el ch'i será atraído hacia arriba y lejos de las escaleras.

La puerta del frente no debe mirar hacia la puerta trasera. En este caso, el ch'i que entra por la puerta frontal fluirá rápidamente por el pasillo y saldrá por la de atrás. Si es posible use una división para ocultar esta última puerta. Un remedio alternativo es colgar un cristal en el techo a medio camino entre las dos puertas.

El baño no debe ser visible desde la puerta frontal, debido a que este cuarto crea ch'i negativo. El remedio es mantener su puerta cerrada el mayor tiempo posible.

Si los visitantes de su casa pueden ver la cocina desde la puerta frontal, inmediatamente pensarán en comida, y tan pronto como coman se marcharán. El remedio es ocultar de algún modo la vista de la cocina, si es posible. Podría ser escondida colocando una división. Si no hay forma de hacerlo, se podría colgar un cristal en el techo, a medio camino entre la puerta frontal y la cocina. Esto hace que el ch'i fluya hacia el cristal y no a la cocina.

La sala

La sala debe ser una habitación confortable donde las personas puedan relajarse y disfrutar compartiendo su tiempo. Debe reflejar las personalidades de quienes viven en la casa. Por consiguiente, libros, fotografías y cualquier cosa que refleje los intereses de los ocupantes deben estar a la vista.

Figura 2B: Sala atestada con muebles y adornos

Idealmente debería ser cuadrada o rectangular, y recibir luz solar a través de las ventanas. Si la sala es larga y angosta, los espejos deben ser colocados en una de las paredes más largas para balancear la habitación.

Esta habitación debe verse espaciosa. Evite atestar una sala pequeña con demasiados muebles (Figura 2B). El espacio se relaciona con abundancia. Por consiguiente, una habitación llena con muebles y adornos puede restringir el bienestar económico de los ocupantes.

Los muebles deben reflejar las personalidades de los ocupantes, y estar en proporción al tamaño de la sala. Las esquinas redondeadas son las preferidas en el feng shui, ya que las cuadradas proyectan pequeños shars. Mesas redondas, alfombras, lámparas, y cualquier cosa ovalada o circular, se consideran favorables, pues las formas redondeadas simbolizan dinero.

Las vigas expuestas en cualquier parte de la casa son malas desde el punto de vista del feng shui, especialmente en la sala y las alcobas. Los travesaños visibles expuestos afectan el flujo suave de ch'i, y las personas sentadas directamente bajo ellos sentirán progresivamente como si tuvieran un peso sobre sus hombros.

El remedio usual para las vigas expuestas es colgar dos pequeñas flautas de bambú en el centro de cada una de ellas. Alternativamente, se puede atar al travesaño un objeto atractivo. La mejor solución sería bajar el techo de tal forma que las vigas queden ocultas. Obviamente esto no es siempre práctico.

El comedor

El aspecto más importante del comedor es la mesa. Es necesario que sus invitados puedan sentarse y retirarse de sus puestos sin ser limitados por las paredes u otros muebles. Con esto se da la sensación de amplitud, que a su vez se relaciona con abundancia. Es importante que dicha sensación de abundancia sea experimentada en esta habitación, y por tal razón se usan frecuentemente espejos, doblando simbólicamente la cantidad de comida que hay sobre la mesa. Los espejos pueden también ser usados para que un comedor pequeño parezca más grande.

En Oriente, el comedor es a menudo parte de la sala. Esto es bueno, ya que una habitación más grande crea la sensación de espacio. El comedor es también relacionado con dinero. Por consiguiente, es mejor que sea grande y no pequeño para favorecer el progreso económico.

El comedor debería estar cerca a la cocina, pero a una distancia razonable lejos de la puerta frontal. Si se encuentra próximo a la puerta del frente, y especialmente si ésta es visible, sus invitados comerán e inmediatamente se marcharán.

Las mesas redondas y ovaladas son ideales, ya que permiten que las personas hablen fácilmente entre sí. Las cuadradas y rectangulares deben tener esquinas ligeramente redondeadas para eliminar cualquier shar potencial.

La alcoba

Un buen feng shui en la alcoba es muy importante para la paz mental y la felicidad. Ya que estamos en la cama al menos la tercera parte de nuestras vidas, probablemente pasamos más tiempo en esta habitación que en cualquier otro sector de la casa.

La alcoba debe ser en lo posible privada, y lo más lejos de la puerta frontal. Esto significa estar bien lejos de los ruidos de la calle, lo cual nos hace sentir más seguros.

La ubicación de la cama es uno de los factores más importantes del feng shui (los otros dos factores vitales son las posiciones de la puerta frontal y la estufa). La cama debe ser localizada de tal forma que la persona que yace en ella pueda ver fácilmente a quien esté entrando por la puerta de la alcoba. Usualmente, la mejor ubicación para la cama es cerca a la esquina de la habitación diagonal a la puerta.

Si la entrada está atrás de la cama, se puede usar un espejo para permitir que la persona que está en ella observe quién está entrando. Sin embargo, los espejos tienen que ser utilizados con mucho cuidado en el dormitorio. Por ejemplo, no deben mirar hacia la cama, ya que crean tensión en la relación. Cuando son colocados en el techo funcionan bien para relaciones cortas y apasionadas, pero también producen presión en relaciones a largo plazo.

El pie de la cama no debe mirar hacia la puerta. En el feng shui, esta ubicación es conocida como "la posición del ataúd". De acuerdo a la astrología china, las personas al morir deben ser enterradas un día propicio determinado por el horóscopo. Debido a que esta fecha podría ser hasta un mes después de la muerte de la persona, los ataúdes solían ser alineados en patios de templos, esperando el día correcto de su entierro.

La cama no debe estar debajo de vigas expuestas. Las personas que duermen en estas condiciones probablemente tendrán problemas de salud en la parte del cuerpo que está directamente debajo del travesaño. Por ejemplo, si está sobre el área del pecho, es probable que la persona sufra de esta parte del cuerpo y también de los pulmones. Si no hay alternativa, lo mejor es que las vigas estén longitudinales respecto a la cama. Sin embargo, ya que se cree que de esta forma causan problemas matrimoniales, lo mejor sería ocultar los travesaños o ubicar la cama en una posición en que no esté directamente debajo de ellos.

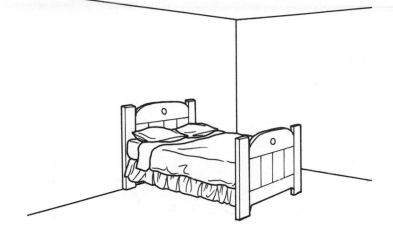

Figura 2C: Posición de la cama

La cama debe estar en contacto con una pared para ganar apoyo (Figura 2C). Lo mejor es que la parte de la cabeza haga el contacto, pero también es bueno apoyar cualquier lado. Sin embargo, una cama doble con un lado en contacto con la pared significa que la persona que duerme en ella prefiere hacerlo en solitario, y no desea una pareja. Si quiere estimular a la pareja, asegúrese que la cabeza de la cama toque la pared, y no uno de sus lados.

La cama debe además estar en una posición en la que quien duerma en ella tenga una vista agradable al despertarse en la mañana. Una ventana es perfecta, pero hay que tener en cuenta que la cama no reciba luz solar durante el día. Se cree que de esta forma se sobreactiva la cama, haciéndose más difícil dormir en la noche. Asegúrese que las ventanas de la alcoba no estén afectadas por shars externos. Si están presentes, se pueden usar cortinas gruesas para eliminarlos.

La combinación de colores de la alcoba debe armonizar con los colores relacionados con el elemento personal de los ocupantes. En la habitación de los niños el color correcto es el asociado con el elemento que precede el de ellos en el Ciclo de Producción.

La cocina

La cocina siempre ha sido considerada la habitación más importante de la casa desde el punto de vista del feng shui. Esto se debe a que en tal lugar se localiza la estufa, que representa la riqueza de la familia.

Debe estar bien iluminada y aireada para estimular ch'i beneficioso, que se cree penetra en los alimentos recién cocinados, favoreciendo así a toda la familia. Naturalmente, es importante la cantidad y calidad de la comida, pues ésta se relaciona directamente con la prosperidad del hogar. Siempre se ha considerado de orgullo tener un refrigerador bien surtido y una despensa.

Es importante que la persona que cocina pueda ver quién entra a la cocina sin voltear. Se cree que la calidad de la comida es afectada si el cocinero se sobresalta. Si es necesario puede usar un espejo como remedio para que quien cocina vea las personas que entran (Figura 2D).

De hecho, es común ver espejos alrededor de las estufas de restaurantes chinos. Esto se debe a que simbólicamente

Figura 2D: Espejo encima de la estufa

duplican la cantidad de alimento que se prepara, dando un potencial de grandes beneficios.

Ya que la estufa es el asiento de la riqueza de la familia, debe ser mantenida limpia y en perfectas condiciones. Cualquier problema en ella crea ch'i negativo y puede afectar la posición económica de la familia.

Como el agua simboliza dinero, es importante que los drenajes o tubos sean ocultados, pues se considera un mal feng shui ver la riqueza fluyendo lejos. Obviamente, cualquier grifo o elemento de la cocina que tenga escape, debe ser reparado lo más pronto posible para prevenir la erosión gradual de la riqueza.

La cocina no debe verse desde la puerta frontal. Si es
así, sus invitados se inquietarán por la comida al llegar a
la casa.

El sanitario

El sanitario debe ser lo más discreto posible. En el siguiente
capítulo veremos los diversos sectores de la casa. Este elemento no debe ser localizado en los sectores de la riqueza,
la fama o la carrera. Si es así, sus perspectivas en estas áreas
literalmente se "desecharán".

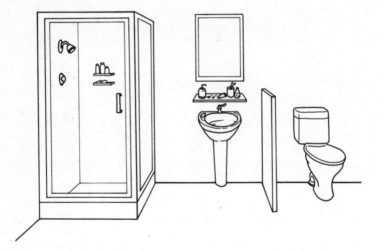

Figura 2E: Media pared al lado del sanitario

Los sanitarios tienen que ser ubicados a un lado de la casa. Crean ch'i negativo, y si uno de ellos es localizado en la parte central, enviará esta energía negativa hacia toda la vivienda. Lo mejor es que el sanitario esté separado del cuarto de baño. Los chinos son personas modestas, y les gusta la privacidad cuando están usando el sanitario. Si se encuentra combinado en el baño, instale una media pared para proveer cierto grado de privacidad (Figura 2E). El sanitario no debe ser visible desde la puerta frontal. El remedio para esta situación es mantener la puerta cerrada el mayor tiempo posible, y ubicar un espejo en la parte externa de ella para hacer desaparecer simbólicamente este cuarto.

El cuarto de baño

El sanitario y el baño son lugares donde el agua fluye. Por consiguiente, deberían ser localizados con cuidado. También es necesario que estén bien iluminados y ventilados, y siempre limpios. Se cree que los colores pasteles benefician el bienestar y la felicidad de la familia.

Los espejos son esenciales en esta habitación, y deben ser tan grandes como sea posible. Evite azulejos reflectores, pues crean un "efecto de red" que afecta adversamente el flujo de dinero.

En el siguiente capítulo estudiaremos los nueve sectores importantes de su casa, y cómo puede mejorarlos para que atraigan felicidad, éxito y abundancia.

3

Los nueve sectores

La felicidad consiste en la realización de nuestros deseos,
y en tener sólo deseos correctos.

—San Agustín

El cuadrado mágico que encontró Wu de Hsia en el caparazón de una tortuga aún juega un papel importante en el
feng shui. Cada una de las nueve secciones dentro del cuadrado se relacionan con una parte diferente de su vida.
Podemos mejorar la calidad de cada una de estas áreas
activando la parte de nuestra casa que esté indicada por el
pa-kua. Hay remedios y realces en el feng shui que pueden
ayudar a alcanzar más éxito y felicidad en cada una de
estas áreas.

Empiece ubicando un cuadrado mágico de tres por tres
sobre el plano de la casa. No importa qué tan grande o
pequeña sea su vivienda, o si es una casa o un apartamento.
Si su propiedad tiene dos o más niveles, el cuadrado
mágico es localizado sobre cada uno de ellos. Naturalmente, es más fácil hacer esto si su casa es cuadrada. Si es

rectangular, el cuadrado también es de esta forma para que se ajuste a la configuración de la casa.

Las casas en forma de L y T no son fáciles de trabajar, pues cuando el cuadrado mágico es localizado sobre los planos de sus pisos, parte de él queda fuera del área de la vivienda. Afortunadamente, también hay un remedio para esto. Tenemos que completar simbólicamente la casa haciéndola parecer cuadrada o rectangular. Podemos hacerlo de diversas formas. Por ejemplo, en una casa en forma de L podríamos completar el área faltante erigiendo un piso. Otro remedio sería plantar un borde de flores en el área donde la casa se habría extendido si fuera de forma rectangular. Un gran árbol puede "llenar" efectivamente el sector que hace falta. En Taiwan, el remedio usual es colocar una lámpara en el jardín, en el lugar donde se extendería la casa.

No debe preocuparse si su casa carece simbólicamente de un sector. Además de usar los remedios tradicionales del feng shui, también podemos activar el área faltante usando habitaciones individuales. El mismo cuadrado mágico de tres por tres puede ser ubicado sobre cada habitación, y alineándolo con la respectiva entrada principal.

Una vez que se ha ubicado el cuadrado mágico sobre el plano de una casa, podemos iniciar la interpretación del mismo. El lado de la casa que contiene la puerta frontal marca el borde externo de tres sectores del cuadrado mágico: conocimiento, carrera y mentores. El área de la riqueza está tan lejos como usted pueda avanzar diagonalmente a la izquierda de la puerta frontal. El sector del matrimonio se ubica diagonalmente a la derecha. Entre ellos está el área de la fama, y en el tercio medio de la casa

Riqueza	Fama	Matrimonio
Familia y salud	Centro de Buena Suerte	Niños
Conocimiento	Carrera	Mentores y viajes

**La entrada principal siempre está
a este lado del cuadrado.**

Figura 3A: Las aspiraciones del Pa-kua

están los sectores de la familia, la buena suerte y los niños
(Figura 3A).

Riqueza

La riqueza tiene poca o ninguna relación con la felicidad,
pero debería activar esta área si desea más abundancia en
su vida. El dinero adicional puede darle la libertad de hacer
cosas que de otra manera no podría llevar a cabo. Si esto
aumenta su felicidad, necesita activar el sector de la riqueza
de su casa. Puede hacerlo activando más ch'i en esta área.

Esto significa incrementar la cantidad de luz para atraer el ch'i. El uso apropiado de lámparas, arañas de luces, cristales y espejos sirven para tal propósito. También puede usar otros elementos del feng shui que simbolicen dinero. Un acuario con ocho peces dorados y uno negro es una afirmación silenciosa que le recordará el dinero cada vez que lo vea. Cumple la misma función un contenedor pequeño de metal con unas cuantas monedas. En Oriente es común encontrar estos contenedores en el área de la riqueza de los escritorios (diagonalmente a la izquierda de donde se sienta el ocupante). También es usual colocar tres monedas bajo contenedores de plantas.

Los objetos metálicos y redondos también simbolizan dinero y pueden ser usados en este sector para atraer riqueza. Las plantas de maceta de hojas redondas son particularmente buenas, debido a que mientras crecen simbolizan un incremento de la riqueza.

Fama

La mayoría de personas no desean convertirse en celebridades reconocidas dondequiera que van. Sin embargo, este sector se relaciona también con nuestra reputación en la comunidad. Si quiere ser más respetado en su vecindario, necesita activar esta parte de su casa. Puede hacerlo aumentando la luz en dicho sector, y exponiendo los trofeos, premios y certificados que ha ganado. Un acuario, especialmente uno que tenga oxígeno aireándolo, es extremadamente bueno en esta posición. Las burbujas de oxígeno simbolizan un mejoramiento de su reputación. Si desea volverse famoso, deberá también colocar fotografías suyas, preferiblemente en compañía de personas famosas. Si quiere llegar a ser presidente, debería usar fotografías de mandatarios anteriores que particularmente admira. Si su anhelo es ser una estrella de cine, exponga fotos de actores y actrices de renombre en esta localización.

Matrimonio

Aunque esta localización usualmente se refiere al sector del matrimonio, realmente se asocia a todas las relaciones íntimas. A propósito, los chinos creen que quien duerme en esta parte de la vivienda gobernará la casa, así que puede adivinar quién regirá la familia.

Debe activar este sector si su relación no funciona de la forma que quiere, o si actualmente está solo y desea tener una relación.

Desde luego, es necesario usar más luz para atraer ch'i a esta área. Si desea mejorar su actual relación, debe también tener aquí objetos que se relacionen con su elemento personal y el de su pareja. Si estos dos elementos están seguidos en el Ciclo de Destrucción, debe colocar algo en esta área que se relacione con el elemento que está entre ellos en el Ciclo de Producción.

Si desea atraer a alguien a su vida, necesita también colocar algo que le recuerde amor y romance. Por ejemplo, esto podría ser una fotografía de una pareja caminando cogidos de las manos a lo largo de una playa desierta. Es importante que se asegure que lo que coloque no le recuerde relaciones anteriores. No exponga fotografías de compromisos pasados, ya que simbólicamente evitan que se desarrollen nuevas relaciones.

Colores cálidos como el rosado y el rojo pueden también servir para activar esta parte de la casa.

Si el sector del matrimonio contiene una alcoba que no está usando, asegúrese que esta habitación sobrante tenga una cama doble, y duerma en ella de vez en cuando. Esta cama debe ser accesible por ambos lados. Una cama sencilla envía simbólicamente el mensaje de que usted no desea una pareja, y una doble que nunca se utiliza indica vacío y soledad.

Familia

La familia significa obviamente nuestros parientes, pero también se relaciona con otras personas cercanas tales como los amigos íntimos. Si está teniendo problemas con miembros de la familia, o desea atraer más amigos a su vida, necesita activar esta área de la casa. Para hacerlo, debe aumentar la luz, incrementando de esta forma la cantidad del ch'i que fluye en esta parte de la casa. También debería tener plantas de maceta, fotografías de la familia, y objetos que le han regalado parientes y amigos.

Este sector también se relaciona con la salud. Si alguno de la familia se encuentra enfermo, debe activar esta área usando algo del elemento que precede el de la persona en el Ciclo de Producción.

Esta es una buena localización para un acuario y pinturas o fotografías que muestren ríos, arroyos, cascadas o lagos.

Buena suerte o el centro espiritual

Esta es una parte importante de la casa, ya que tiene el poder de influenciar cualquiera de los otros sectores. Idealmente, cada miembro de la familia debería usar la habitación o habitaciones que ocupen esta área de la casa. Por consiguiente, esta sería la localización ideal para la sala o el comedor.

Este es el peor lugar para ubicar el cuarto de baño o el sanitario, pues el ch'i negativo que crean afectaría toda la casa.

Niños

Esta área debe ser activada si tiene problemas con sus niños, o si desea tener hijos. Si ya los tiene, debe colocar objetos en este sector que se relacionen con el elemento que precede el elemento de ellos en el Ciclo de Producción. Este es un buen lugar para exponer fotografías familiares y objetos creativos que han sido hechos por miembros de la familia. Cualquier trofeo o certificado ganado en la escuela debe ser ubicado en este sector. Si desea tener hijos, esta área puede ser activada aumentando la luz, exponiendo adornos de niños pequeños, o cualquier cosa que le recuerde vida familiar.

Esta área también se relaciona con la creatividad, y debería ser activada si está haciendo algo creativo. Esta parte de la casa es buena para exponer cosas que usted —u otros miembros de la familia— ha hecho o diseñado.

Conocimiento

Este sector se relaciona con el aprendizaje y es buen lugar para cualquier cosa que tenga que ver con la educación, por ejemplo libros, computadores y un escritorio. Esta área debe ser activada para ayudar a los miembros de la familia a seguir su capacitación y crecer en conocimiento y sabiduría. En Oriente la educación es considerada una actividad de toda la vida, y este sector es activado casi invariablemente para estimular dicho concepto.

Carrera

Esta área debe ser activada para ayudar a los miembros de la familia a progresar en sus carreras. Esto puede ser hecho aumentando la cantidad de luz, y colocando objetos metálicos y algo que se relacione con los elementos personales de los miembros de la familia que están afuera luchando en su trabajo. Es también un buen lugar para cualquier cosa que le recuerde el trabajo y la carrera, por ejemplo un teléfono, un computador, o un fax.

Mentores

Este sector debe ser activado para hacer que lleguen personas útiles a nuestras vidas. Dicen que cuando el estudiante está listo, el profesor llega. Activando esta área podemos acelerar el proceso.

Este sector también se relaciona con viajes. Si desea viajar, debe exponer aquí cualquier cosa que se asocie con los lugares que quiere visitar. Fotografías y artefactos son ideales.

Estas áreas no están confinadas dentro de las paredes de su casa, se extienden indefinidamente en cada dirección. Por consiguiente, si está buscando riqueza, debe dirigirse en la dirección indicada por la habitación que está lo más lejos posible al avanzar diagonalmente a la izquierda de su puerta frontal. Igualmente si desea progresar en su carrera, la dirección es la que mira su puerta frontal.

En la práctica, no es probable que usted active los nueve sectores al mismo tiempo. Comience activando el que es más importante en el momento. Observará un mejoramiento en esta área de su vida dentro de unos pocos días. Espere cerca de tres semanas para activar algún otro sector. Haciendo esto notará cómo se beneficia su vida día tras día. Luego haga otro cambio y observe lo que sucede en esa área unas cuantas semanas, antes de realizar más modificaciones.

4

Dinero

Es bueno tener dinero y las cosas que éste puede comprar,
pero también es bueno que de vez en cuando observe si no ha
perdido las cosas que el dinero no puede comprar.

—George Horace Lorimer

Recientemente vi en la televisión un programa acerca de un
antiguo empresario de bienes raíces que perdió todo su
dinero, y terminó viviendo en la misma pequeña casa de
campo donde había iniciado su imperio. En el proceso, este
hombre descubrió que la felicidad no tenía nada que ver
con el dinero. Se dio cuenta que era más feliz en su
modesta casa que en apartamentos de lujo.

Tal vez se pregunte por qué se incluye en este libro un
capítulo sobre dicho tema, si el dinero no se relaciona con
la felicidad. Hay muchas razones. El feng shui es muy
bueno para atraer riqueza y abundancia. De hecho, en mis
conferencias, usualmente me hacen más preguntas acerca
del dinero que sobre otros aspectos. La mayoría de personas creen que si tuvieran más dinero serían más felices. No

estoy convencido de ello, pero si usted piensa que un mejor nivel económico aumenta su felicidad, se beneficiará de las ideas mostradas en este capítulo.

Los chinos creen que tienen que hacer las cosas bien en la vida para que sus ancestros se sientan orgullosos de ellos, y para proveer una buena base para sus descendientes. Hay una gran rama del feng shui dedicada a la localización de tumbas, ya que se considera que tiene una enorme relación con la prosperidad y felicidad de la familia. Se cree que una tumba bien situada provee fama, honor, felicidad, longevidad y prosperidad para muchas generaciones.

El sorprendente éxito de Sun Yat-Sen es atribuido a la localización de la tumba de su madre[1]. De hecho, muchas personas ambiciosas movieron las tumbas de sus parientes cerca a la de la madre de Sun Yat-Sen, con el fin de ganar algunos beneficios del excelente feng shui[2]. El éxito de Chiang Kai-Shek fue también acreditado a la ubicación de la tumba de su madre. Su caída comenzó cuando los comunistas la desenterraron[3].

Personalmente creo que la felicidad está en la forma de pensar. Podemos decidir ser felices sin importar nuestras circunstancias en la vida. Desde luego, si un pariente cercano tiene una enfermedad mortal, o estamos próximos a perder la casa, es difícil ser feliz. Pero puede lograrse. Si actuamos de manera positiva no sólo nos ayudaremos a nosotros mismos, también levantaremos el ánimo de quienes nos rodean.

Ya hemos visto el sector de la riqueza en la casa. Naturalmente, éste debería ser activado si queremos más dinero.

Sin embargo, podemos hacer mucho más si somos ambiciosos y tenemos un fuerte deseo por más dinero.

El agua fluyendo suavemente siempre se ha relacionado con dinero en el feng shui. Esta crea ch'i beneficioso, y hace fértil la tierra a su alrededor. Una casa que tenga una vista de agua fluyendo lentamente siempre ha sido considerada un magneto que atrae buena suerte, felicidad y riqueza. A la gente siempre le ha gustado vivir cerca al agua. Una comparación de precios de viviendas muestra que se paga mucho por vivir en un lugar que tenga el panorama agradable de un río, un lago, o el mar.

El elemento agua tiene un efecto sobre todos, sin importar el elemento personal. En el ciclo productivo de los elementos, el metal simbólicamente se liquida y crea agua, y ésta a su vez nutre y crea madera. Estos tres elementos están seguidos en el Ciclo de Producción y armonizan bien. Como resultado, las personas nacidas bajo metal, agua y madera pueden beneficiarse mucho con la presencia de agua en sus casas.

Tal vez piense que las personas nacidas bajo los elementos fuego y tierra omiten los aspectos de prosperidad del agua, debido a que se relacionan negativamente con este elemento en el Ciclo de Destrucción. Este no es necesariamente el caso. La tierra puede represar y bloquear el agua, como lo hace en el ciclo destructivo. Sin embargo, el agua también puede alimentar la tierra y hacerla fértil. El agua apaga el fuego en el Ciclo de Destrucción, pero el fuego puede también calentar agua y crear vapor. Por consiguiente, sin importar cuál sea su elemento personal, puede usar agua para traer prosperidad a su vida.

El agua fluyendo suavemente crea riqueza. No obstante, un torrente fuerte puede hacer lo opuesto. Puede llevarse el ch'i beneficioso, dejando una estela de estragos y destrucción. Esta situación puede causar que las personas pierdan todo. Agua estancada o sucia puede ocasionar problemas de salud, además de ch'i negativo. Por consiguiente, el agua debe ser usada cuidadosamente.

Por ejemplo, muchas personas consideran que vivir cerca al océano es bueno desde el punto de vista del feng shui. Usualmente es así. Usted es muy afortunado si su casa tiene una vista agradable de agua natural, limpia, y fluyendo suavemente. Sin embargo, si su vivienda está cerca al borde del agua, y está constantemente expuesta a grandes olas que golpean la playa, recibirá bastante ch'i negativo. En esta situación también es probable que haya mucho viento, el cual se lleva lejos el ch'i positivo.

Una gran construcción en la playa atrae mejor ch'i que una casa pequeña, que a veces parecerá ser absorbida por la inmensidad del agua del océano. Una piscina puede tener el mismo efecto sobre la casa si está muy próxima a ella. Sin embargo, una casa pequeña sobre la orilla del mar puede ganar apoyo de construcciones cercanas, disminuyendo los potenciales efectos negativos.

Lo ideal es que el agua sea natural, como la de un arroyo, un río, un lago, o el mar. Preferiblemente esta agua debe estar frente a la casa, ya que ello representa oportunidades financieras que podemos aprovechar. Si fluye detrás de la casa, indica que podemos ver dichas oportunidades pero somos incapaces de aprovecharlas. A menudo es buena idea construir una pared para ocultar un arroyo o río que fluye detrás de la casa, pues esto remueve efectivamente la futura frustración. Es exactamente el mismo remedio conseguido al levantar una pared para ocultar un shar; si no se puede ver, deja de existir.

No es bueno que un arroyo o río apunte directamente hacia la casa, ya que crea un shar que tiene potencial para causar daño. Lo ideal es que la corriente de agua que fluye frente a su casa no avance en línea recta.

Si el arroyo o río se seca en los meses de verano, el flujo de dinero también desaparecerá.

El agua debe ser limpia y moverse suavemente. Cuando está estancada, sucia, o es maloliente crea ch'i negativo que puede causar pérdida económica. A veces es posible purificar el agua, y si esto se hace, los beneficios financieros aumentarán rápidamente.

Obviamente, la mayoría de personas no pueden disfrutar una vista agradable de agua natural desde sus ventanas. Sin embargo, pueden obtener los beneficios económicos de este líquido instalando una fuente, un estanque, una piscina o una cascada en sus jardines frontales. Esto puede ser tan propicio como agua fluyendo naturalmente, y se crea una cantidad igualmente grande de ch'i beneficioso y riqueza.

Desde luego, una fuente artificial de agua debe ser estéticamente agradable en proporción al tamaño de la casa.

Fuente

Una fuente ubicada en su jardín frontal y visible desde la puerta del frente crea una abundancia de ch'i beneficioso y estimula la riqueza. Actualmente hay una gran variedad de fuentes disponibles, y usted debería escoger una que luzca atractiva desde la puerta frontal y la carretera. Debe estar al menos a una distancia de treinta pies de la puerta del frente. Recuerde mantenerla funcionando a todo momento para que el dinero fluya. Si no es utilizada equivaldría a un río que se ha secado.

Unos conocidos míos instalaron una fuente en una casa nueva que compraron cuando se mudaron de Hong Kong a Nueva Zelanda. Sin embargo, sólo la hacían funcionar cuando llegaban visitas. Debido a que conocían pocas personas recién trasladadas, la fuente era rara vez puesta en funcionamiento, la fortuna de la familia disminuyó hasta que decidieron hacer funcionar la fuente todos los días.

Estanque para peces

Un estanque para peces es muy bueno desde diversos puntos de vista. Provee agua, que a su vez crea riqueza y ch'i positivo. También contiene peces, que tradicionalmente significan progreso, abundancia y gran riqueza.

En la antigua China, la única forma de progresar era pasando los exámenes oficiales. Los chinos observaban los peces que se dirigían río arriba, saltando sobre caídas de agua para llegar a sus áreas de reproducción. Esto les recordaba la necesidad de pasar los exámenes para salir adelante, y los peces se convertían en fuerzas estimulantes que simbolizaban progreso y éxito final.

No importa qué peces escoja, aunque los dorados proveen un simbolismo adicional por su color. El koi, o carpa japonesa, es otra buena elección. Esto se debe a que el nombre chino para la carpa (Lei-Yu) suena como "poseer riqueza"[4].

Obviamente, el estanque, su interior y los peces necesitan cuidado. El agua sucia crea ch'i negativo, y potencial para pérdidas económicas.

Tradicionalmente, los mejores lugares para los estanques son los de la parte Norte, Este y Sureste del jardín. Cuando está ubicado al frente de él es bastante propicio, pero nunca debe ser construido al lado derecho de la puerta frontal, mirando de adentro hacia afuera, pues se cree que hace volver vagabundos a los maridos.

Los estanques de peces no necesitan ser grandes, pero sí deben ser agradables estéticamente. No ateste el estanque con demasiados peces. Tradicionalmente se usan nueve peces, ocho dorados y uno negro. Esto se debe a que el agua simboliza dinero, al igual que el color oro, y el número ocho. El pez negro simboliza protección. Si un pez muere no significa necesariamente mala suerte. Simplemente indica que algún desastre ha sido evitado, y debería reemplazarlo lo más pronto posible.

Los acuarios en la casa deben también contener ocho peces dorados y uno negro. En las casas asiáticas es común encontrarlos, y los artistas suelen hacer pinturas de los nueve peces, pues saben que dichos trabajos son fáciles de vender.

Piscinas

Las piscinas son controversiales en el feng shui, debido a que contienen bastante agua, la cual puede alterar el equilibrio de los cinco elementos. Grandes volúmenes de agua, particularmente en la parte trasera de la casa, se consideran potencialmente peligrosos. Por consiguiente, es mejor ubicar la piscina al lado o enfrente de la vivienda.

Las mejores piscinas son las redondas, ovaladas, o en forma de riñón. Las cuadradas y rectangulares crean shars con las cuatro esquinas, los cuales afectan el bienestar y la felicidad de sus propietarios, particularmente si están dirigidos a la casa.

Las piscinas pequeñas son consideradas mejores, ya que no contienen demasiada agua. Las que tienen forma de riñón deben parecer que abrazan la casa, en lugar de estar ubicadas lejos de ella.

Bañeras para pájaros

El volumen de agua no debe ser muy grande, y si está bien situado estimulará la riqueza financiera además de las aves.

Obviamente, el agua tiene que mantenerse limpia. La bañera para pájaros debe ser localizada en un área propicia, idealmente donde pueda ser vista desde el interior de la casa. Puede ser en punto central o focal de un jardín, y crea una gran cantidad de ch'i beneficioso.

Los animales vivos son buenos desde el punto de vista del feng shui, y además proveen movimiento y sonido, lo cual crea buen feng shui.

Acuarios

Los acuarios son muy populares en Asia, y se cree que aseguran felicidad, éxito y riqueza, además de proveer protección contra los desastres. Como se mencionó anteriormente, ocho peces dorados y uno negro son la combinación perfecta para crear riqueza y protección.

En la antigüedad la mayor parte de la población era analfabeta, y los chinos idearon un gran número de "afirmaciones silenciosas" para motivar a las personas. Los peces son un ejemplo bueno de esto. Cuando vemos un acuario, probablemente pensamos en peces bonitos. Sin embargo, cuando un asiático lo observa, instantáneamente piensa en dinero.

Los negociantes orientales usan afirmaciones silenciosas todo el tiempo. Un ejemplo de caligrafía sobre la pared de la oficina puede bien decir "las ganancias aumentan a diario". Usualmente es encontrado un pequeño contenedor de metal con unas cuantas monedas, ubicado en el área de la riqueza del escritorio de un ejecutivo. Cada vez que esta persona lo ve, recibe una afirmación instantánea de la razón por la cual está en el campo de los negocios.

Objetos redondos

Los objetos redondos también son relacionados con el dinero, debido a que las monedas son usualmente de esa forma. Por consiguiente, es más probable que una mesa circular u ovalada atraiga riqueza (en comparación de las cuadradas y rectangulares). Las naranjas y las mandarinas son símbolos especialmente buenos, gracias a su color y redondez.

Disfrute consiguiendo dinero

Otro aspecto importante es que en Oriente el hacer dinero debe ser divertido. Por tal razón los chinos sonríen y ríen mucho mientras realizan negocios. Disfrutan trabajando duro y haciendo dinero. Entre más ocupados están, más sonríen. De hecho, esto trae incluso más clientes y a aquellos que les gusta ser atendidos por personas genuinamente corteses. La sonrisa no es artificial. Ellos se divierten trabajando duro, y entre más lo hacen más felices son. Los chinos disfrutan gastando su tiempo con colegas y clientes, hacen amigos y al mismo tiempo ganan dinero.

En Oriente, una sonrisa agradable es un poderoso secreto de éxito, además es un excelente feng shui, ya que crea felicidad y un ambiente de trabajo agradable. Los chinos descubrieron que también ayuda a hacer dinero.

5

Salud

*La salud es el alma que anima todos los placeres de la vida,
la cual se desvanece y afecta su valor cuando se pierde.*

—Sir William Temple

La buena salud es esencial para la felicidad. Aunque hay personas serenas y felices que padecen dolores crónicos, obviamente es más fácil ser feliz cuando se está físicamente bien.

El feng shui tiene un gran papel que jugar en la creación de un ambiente que estimule una buena salud. Las casas tienen mucho que ver en la salud y felicidad de sus ocupantes. Imagínese durmiendo en una alcoba de color rojo vivo o negro. Piense por un momento vivir en una casa donde las ventanas nunca se abrieran para permitir la entrada de aire fresco. Y qué tal habitar una vivienda donde los ocupantes estuvieran tan asustados de ser robados, que mantuvieran las puertas cerradas con candado todo el tiempo. Estos casos pueden ser exagerados, pero los he visto en la realidad, e incluso algunos más sorprendentes, en casas donde me han solicitado que aplique feng shui. No es nada raro que la salud de las personas que viven en estos ambientes sean finalmente afectadas.

Una manera de examinar la casa para evitar potenciales problemas de salud es tratar de verla como si fuéramos unos posibles compradores. Camine de habitación en habitación como si siguiera el camino del ch'i mientras fluye a través de la casa. Vea si éste avanza fácilmente o tiene obstáculos. Observe si las habitaciones están bien iluminadas y lucen alegres. Deténgase uno o dos minutos en cada una de ellas y perciba intuitivamente la atmósfera reinante. Si se queda quieto, la habitación le hablará, dándole toda la información que necesita.

No hay nada sobrenatural o extraño acerca de esto. Lo hacemos todo el tiempo. Estoy seguro que usted ha entrado a una habitación y percibido inmediatamente que algo está mal.

Observe cualquier cosa que necesite reparación mientras hace la valoración. Grifos que gotean, puertas y ventanas que se atascan, y todas las cosas que causan frustración, crean ch'i negativo. Su bienestar y felicidad —e incluso su salud— mejorarán una vez que hayan sido reparados todos estos imperfectos en su ambiente.

Si alguno de la familia tiene problemas de salud, asegúrese que la habitación de esta persona esté bien iluminada y reciba bastante aire fresco y luz solar durante el día. Todo esto permite que entre a la habitación la máxima cantidad de ch'i. Ubique una planta viva en el cuarto para estimular el crecimiento y la buena salud. También coloque algo del elemento que precede al del enfermo en el Ciclo de Producción en el sector de la familia de su alcoba.

¿Está feliz con su nivel de salud física? Estudios indican que la mayoría de personas tienen la intención de aumentar el ejercicio que hacen. Por supuesto, una cosa son las intenciones, y otra es actuar.

Si está en buena forma físicamente, se sentirá mejor consigo mismo y el mundo entero. No sólo se verá mejor, en realidad lo estará. Aumentará su autoestima, y se motivará más para alcanzar otros objetivos en la vida. También tendrá más energía para realizar actividades de diversión.

Comience mejorando su salud física colocando algo que se relacione con el elemento que precede el suyo en el Ciclo de Producción en el sector de la familia de su casa. Como sabe, esto ayuda a crear su elemento personal y lo motiva a mejorar su salud física.

Decida lo que va a hacer. He encontrado que caminar es el ejercicio que más me conviene, pero usted puede preferir hacer algo completamente diferente. Es posible que elija ir a un gimnasio a tomar clases de aeróbicos. Comience lentamente. Una caminata de tres millas es muy buena. Empiece con una distancia corta y auméntela poco a poco. Continúe haciéndolo hasta que camine al menos veinte minutos sin parar.

Escoja cuidadosamente su forma de ejercitarse. Una amiga mía compró una máquina de remos para mejorar su salud. Su intención era remar treinta minutos al día viendo al mismo tiempo la televisión. Poco después descubrió que odiaba realizar ese tipo de ejercicio. Además, la máquina era voluminosa y parecía ocupar toda la sala. Dos semanas más tarde la máquina fue guardada y no volvió a ser usada. De hecho, al no ser utilizada, es considerada un coroto en el feng shui. A menudo es mejor que alquile uno de estos aparatos durante uno o dos meses para ver si disfruta la forma de ejercicio.

Muchas personas me han dicho que el apetito les aumenta si comienzan a hacer ejercicios. Esto es un mito. La mayoría encuentra que su alimentación realmente disminuye una vez que aumentan el nivel de actividad física.

La salud física tiene un enorme efecto sobre el bienestar y la felicidad. Por consiguiente, también deberíamos poner atención a lo que comemos. Probablemente lo más importante que debemos hacer es disminuir la cantidad de grasas en nuestra dieta.

¿Sabía que es la cantidad de carbohidratos que tiene en su desayuno (un pan o una tostada) lo que le dice si ha comido demasiado, y cuándo estará listo para la siguiente comida? La cantidad de grasa que consume en el desayuno (mantequilla o margarina), o la cantidad de grasa que tiene en su cuerpo no hace la diferencia. Si reduce la grasa que va a su sistema, perderá grasa corporal. Toma tiempo, pero finalmente se logra. Es mejor usar productos grasosos para sazonar, en lugar de comerlos en mayores cantidades. Por ejemplo, use trozos pequeños de queso en un sándwich, en lugar de comer una tajada grande.

Cuide su cuerpo. La mayoría de nosotros ponemos más atención a las necesidades del automóvil que a las de nuestra salud corporal. Si algo está mal consulte al doctor.

Hágase exámenes médicos de vez en cuando. Si es fumador, decídase a dejar este vicio en nombre de su salud.

El tiempo empleado en ejercicios y el cuidado del cuerpo es recompensado con felicidad y calidad de vida. Usted merece lo mejor que la vida tiene para ofrecerle.

6

Amor y relaciones

El mayor placer de la vida es el amor.

—Sir William Temple

Para ser completamente felices necesitamos amar y ser amados. Encuentro triste leer en los periódicos acerca de la vida superficial de muchas de nuestras estrellas de cine favoritas. Pueden tener millones de dólares en el banco, pero se divorcian una y otra vez. En mi opinión no tienen la riqueza de una pareja con pocos bienes materiales, pero rodeada por parientes, amigos y vecinos.

Las estadísticas de divorcio y abuso familiar son alarmantes. Esto es particularmente triste cuando las personas involucradas originalmente se amaron. ¿Cómo pueden finalizar tan trágicamente relaciones que comenzaron llenas de amor mutuo?

Desafortunadamente, muchas personas inician vida de casados con expectativas poco realistas. No conciben el efecto que hipotecas, hijos, suegros y otras tensiones pueden tener sobre la relación. De hecho, muchas otras parejas tienen relaciones exitosas que duran para siempre a pesar de obstáculos similares. ¿Estas personas son de algún modo diferentes a quienes disuelven sus relaciones?

La respuesta es "sí" y "no". Los que disfrutan una relación que crece y se desarrolla a lo largo de los años, hacen mucho para conseguirlo. Aceptan sus parejas tal como son, y no pierden tiempo tratando de cambiarlas, pues realmente las aprecian. Además estas personas se comunican y comparten las cosas.

Si su relación parece no tener dirección, es poco probable que sea feliz. De usted depende que todo mejore. Si no desea restaurar la relación, tal vez debería terminarla. Sin embargo, recuerde que al comienzo quería pasar el resto de su vida con su pareja. Toda relación requiere trabajo, y si realmente quiere que la suya sea duradera, no es tarde para hacer algo al respecto.

La relación puede ser fortalecida haciendo algo inusual de vez en cuando. No necesita ser algo grande o costoso. Podría ser una sorpresa sencilla, como traer flores a la casa.

Un amigo mío estaba pasando una época difícil en su matrimonio, y le sugerí que hiciera algo sorprendente. Llamó al jefe de su esposa y arregló secretamente una tarde de campo para ella. Al mediodía de la fecha señalada, mi amigo llegó a la oficina de su esposa con una canasta de alimentos y una botella de champaña, y la llevó a una merienda junto a un lago. Esto sucedió hace varios años, y la mujer de mi amigo aún habla acerca de ello. Todavía están casados y, según ellos, desde esa tarde comenzaron a comunicarse realmente.

La verdadera felicidad requiere relaciones exitosas con otras personas. Afortunadamente, podemos usar el feng shui para mejorar todas nuestras relaciones existentes y atraer otras a nuestras vidas.

En las aspiraciones del pa-kua (ver página 37), aprendimos que el sector del matrimonio está ubicado lo más lejos que llegue diagonalmente a la derecha desde la puerta frontal. Esta área debe ser activada para mejorar una relación existente o atraer una nueva.

Usted puede reencender la pasión perdida activando el sector del matrimonio con algo del elemento que precede el suyo en el Ciclo de Producción. Por ejemplo, si pertenece al elemento fuego, debe introducir algo del elemento madera en esta parte de la casa. Puede escoger una planta de maceta o flores cortadas recientemente para reactivar la pasión.

No obstante, tenga cuidado de no exagerar esto. Hace algunos años evalué la casa de una pareja que tenía problemas en sus relaciones. El pertenecía al elemento fuego y su esposa al elemento metal. En un intento por mejorar la relación, el esposo pintó de verde las paredes, y llenó la habitación con plantas de maceta. Observó un mejoramiento de su virilidad, pero su cónyuge se hizo más distante que antes. Le sugerí que utilizara menos objetos del elemento madera y los reemplazara con cosas pertenecientes al elemento tierra, ya que éste armonizaba con él y su esposa (fuego crea tierra, y tierra crea metal).

El ch'i debe fluir libremente por todo el sector del matrimonio, que debe mantenerse en orden.

Recientemente hice una evaluación para una pareja, y encontré que el sector del matrimonio de la casa era un cuarto de almacén que rara vez se usaba. Las ventanas y la puerta permanecían cerradas, lo que impedía la entrada de ch'i. La mayoría de artículos almacenados en esta habitación se relacionaban con anteriores negocios que habían fracasado. La esposa me comentó que su matrimonio también se había arruinado, y la casa era definitivamente desfavorable para ellos. Sugerí que limpiaran dicha habitación, la redecoraran y la usaran regularmente. El esposo no estaba muy entusiasmado acerca de hacer tal modificación, pero luego notaron un mejoramiento inmediato en sus vidas tan pronto como se deshicieron de los corotos que habían estado acabando poco a poco la relación.

Esto muestra lo importante que es permitir que el ch'i beneficioso fluya libremente a través del área del matrimonio de su casa. Debe haber suficiente iluminación para estimular el ch'i en esta área. La habitación o las habitaciones deben lucir atractivas para inducir la sensación de confort y placer. Cualquier cama en esta parte de la casa debería ser accesible por ambos lados para estimular relaciones románticas.

El sector del matrimonio se aplica a toda clase de relaciones. No necesariamente tienen que ser amorosas. Por ejemplo, si realiza negocios con un colega, esta relación particular puede ser mejorada activando el área del matrimonio de su casa.

La mayoría de relaciones no románticas son representadas por el sector de la familia. De nuevo, esta parte de la casa debe estar bien iluminada y ser acogedora. Cualquier silla o sofá debe ser usado con regularidad para la llegada de visitantes a la casa.

La soledad es increíblemente común, y se relaciona con depresión, enfermedad, desesperación y suicidio. Todas las relaciones necesitan ser cultivadas. Hay un viejo dicho, "para tener un amigo, sea un amigo".

Debe estar preparado para hacer el primer movimiento. Un simple comentario acerca del clima o la situación en la que se encuentran puede abrir una interesante conversación que puede guiar a una amistad.

Mi primera visita a la India fue el resultado de una amistad que hice con un hombre mayor en un paradero de bus. Ambos solíamos esperar el autobús en la misma parte por la mañana, y durante tres meses no cruzamos palabras. Un día, comenté que el autobús se había demorado más de lo normal. Durante los meses siguientes él me contó sus experiencias como plantador de té en la India. Resultó ser un hombre interesante que finalmente se convirtió en amigo de toda la familia. Si no hubiera hecho el primer contacto, nunca habríamos sido amigos.

La mayoría de personas temen hacer el primer movimiento. A mí me tomó tres meses la primera vez, pero he mejorado desde entonces.

Una vez que haga uno o dos amigos, tendrá que conservarlos. Puede invitarlos a su casa, o sugerir actividades interesantes que realicen juntos. Interésese por lo que le dicen. La amistad es una relación mutua. Revele gradualmente más de usted a sus amigos, y permita que ellos también expresen sus ideas. Ayúdelos y motívelos cuando pueda, y deje que lo ayuden. Acepte a sus amigos como son, y acéptese a sí mismo. Puede tener todos los amigos que quiera siempre que retribuya una verdadera amistad.

La localización de la familia es un buen lugar para comunicarse con los amigos. Puede telefonearles desde dicho sector, o tal vez escribir cartas o correos electrónicos. Esta es también un área buena para que entretenga a sus amigos y exponga fotografías en las que aparecen divirtiéndose.

Mientras sus relaciones continúan creciendo y desarrollándose, también cambiará y se volverá más compasivo y amable. Brindando amistad a los demás, su felicidad aumentará sin límites.

7

Espiritualidad

La fe es el lápiz del alma que pinta cosas celestiales.

—T. Burbridge

Este puede parecer un tema improbable para un libro sobre felicidad, pero en la práctica no lo es. Para ser verdaderamente feliz, necesitamos vivir con una fe o filosofía. La fe en algo superior a nosotros mismos puede mejorar nuestras vidas y hacer que todo valga la pena.

Todas las creencias tienen un número de cosas en común que se relacionan con nuestra conducta y la forma en que vivimos. Los conceptos acerca de honestidad, el amor por los semejantes, y hacer por los demás lo que queremos que hagan por nosotros, proveen una excelente guía para convivir con otras personas, sin importar si existe o no una fe.

Si usted pertenece a una religión organizada, involúcrese a fondo en ella. Tome parte en actividades humanitarias. Ore con otros miembros de la congregación. Haciendo esto enriquecerá su vida de muchas maneras. Podrá ayudar a los demás, conseguirá buenos amigos, su fe crecerá, y su existencia será un ejemplo a seguir.

Usted puede crear gradualmente una filosofía de la vida leyendo, meditando, y hablando con los demás. De esta manera crecerá interiormente.

Debemos alimentar el lado espiritual de nuestra naturaleza así como la parte física, mental y social. Sólo cuando podamos ver más allá de lo temporal, y abrirnos a lo espiritual, podremos realmente afirmar que estamos completamente vivos.

En el feng shui, la parte media de su casa es llamada centro espiritual, al igual que la parte central de cada habitación.

El sector medio de la casa es un lugar excelente para que los miembros de la familia compartan su tiempo. Por consiguiente, es una buena localización para parte de la sala o el comedor. Es también una excelente posición para un espacio sagrado. Joseph Campbell describió el espacio sagrado como el lugar donde lo maravilloso puede ser revelado[1].

El centro de su casa es el sitio ideal para un pequeño oasis de paz, donde puede sentarse y restaurar su alma. A través de la historia el hombre ha necesitado un lugar tranquilo para meditar y estar en armonía con el universo.

Esta área puede ser amoblada de la forma que desee. Yo tengo una cómoda silla reclinable. Un amigo mío tiene una alfombra persa en la que se sienta cuando necesita pensar y armonizar con lo infinito. También suelo tener fotografías de las personas especiales de mi vida en esta parte de la casa. Usted puede escoger algo completamente diferente para arreglar el espacio sagrado, todo es válido.

Una mujer que conozco coloca un altar temporal en su espacio sagrado y lo cubre con joyas baratas. Pienso que esto luce extravagante, pero nunca he comentado nada acerca de ello, ya que para ella está bien.

Otra mujer usa el centro de su cocina como su espacio sagrado. Las flores recién cortadas las ubica siempre en el centro de la cocina durante unos cuantos minutos antes de llevarlas a otras habitaciones. "Estoy en total control aquí", me dijo. "Esta es mi habitación, y por consiguiente mi espacio sagrado está aquí".

Esto es cierto, su espacio sagrado no necesariamente tiene que estar en el centro de su casa, puede ser cualquier otro lugar, adentro o afuera.

Yo tengo un árbol oráculo personal que se encuentra sobre un cultivo cerca al lugar donde vivo, y suelo sentarme debajo de él cada vez que necesito meditar. El árbol oráculo viene desde la tradición druídica, y consiste básicamente en un pacto que se hace con dicho árbol. Usted debe comprometerse en cuidar el árbol y sus alrededores, y en retribución será protegido por él[2].

Un hombre mayor que conozco tiene su espacio personal sagrado en su sitio de trabajo. Todos los días a la hora del almuerzo cierra la puerta de su oficina y medita en un pequeño altar varios minutos. Su altar fue creado de tal forma que nadie sabía que existía[3]. El atribuyó su éxito en los negocios al hecho de que cada día se liberaba por un corto tiempo de sus problemas y armonizaba con el universo.

Usted puede desarrollar una ceremonia de cualquier tipo en su espacio sagrado. Puede hacerlo solo o con otros miembros de la familia. Conozco muchas parejas que hacen esto juntas, también otras personas que desarrollan estas ceremonias sin que sus parejas se den cuenta. Debe dedicar algunos minutos para relajarse y liberarse del estrés del mundo actual. Yo encuentro eficaz mis hombros para aliviar la tensión que se concentra en esta parte del cuerpo, y uso la técnica de autohipnosis para relajarme completamente. El mismo resultado se puede obtener repitiendo un mantra o concentrándose en la respiración.

Una vez que esté completamente relajado puede orar y dar gracias por los consejos, el perdón o cualquier otro aspecto. Puede escoger una oración familiar conocida, o simplemente dejar que las palabras surjan espontáneamente. Tal vez prefiera sentarse para que sus pensamientos fluyan libremente.

Cuando vaya a finalizar, dé las gracias, respire profundamente y abra los ojos.

Muchas personas me han dicho que no tienen tiempo para algo como esto. Sin embargo, suelen realizar cosas que son mucho menos beneficiosas. He encontrado que tengo mucha más energía después de estar en mi espacio sagrado que la que obtendría de otra manera.

Al activar el centro espiritual de su casa impactará todas las áreas de su vida. Se volverá más compasivo, amable, amoroso y espiritual.

A medida que su lado espiritual es más evidente, su felicidad crecerá y se expanderá.

8
Remedios del Feng Shui

El hábito de estar felices permite liberarnos del dominio de las condiciones externas.

—Robert Louis Stevenson

Uno de los aspectos más útiles del feng shui es que hay un remedio para prácticamente todo. Si existe algo en su vida con lo que no está conforme, puede mejorarlo usando el feng shui.

Los remedios, a veces llamados curas, pueden dividirse en dos tipos. Pueden ser usados para mejorar un área que no tiene intrínsecamente nada mal. Un ejemplo de esto es aumentar la iluminación en cierto sector para activar más ch'i. También pueden ser utilizados para corregir un problema particular. Un buen ejemplo es el uso del espejo pakua para reflejar shars.

Algunos remedios, como el pa-kua, son utilizados sólo afuera. Los cristales son usados dentro de la casa, pero otras curas pueden aplicarse interna y externamente.

Remedios exteriores

Plantas

Arboles, arbustos y setos pueden ser usados para ocultar shars que afecten su casa. Las plantas también proveen protección contra los vientos fuertes, y ayudan a eliminar ruido excesivo. También pueden emplearse para crear más energía yang si el entorno es completamente plano (yin).

En el pasado se plantaban arboledas en la parte trasera de las casas, e incluso detrás de toda una aldea, para proveer protección simbólica. Aún es posible ver estos poblados en los nuevos territorios de Hong Kong. Están protegidos por arboledas en forma de media luna conformadas por árboles nativos, aunque el bambú es también usado frecuentemente[1].

Es necesario que los árboles crezcan naturalmente. Por consiguiente, es importante determinar qué tanto crecerá una determinada planta antes de ser sembrada. Los árboles no deben ser plantados demasiado cerca a la casa, ya que pueden finalmente bloquear el sol y evitar la entrada de ch'i valioso.

Sus plantas deben ser sanas. Si están marchitas o descompuestas crean ch'i negativo, y es necesario removerlas lo más pronto posible.

Todas las flores son buenas y crean abundante ch'i. Sin embargo, hay cinco de ellas que tradicionalmente son consideradas mejores que las demás debido a que tienen un significado especial para el feng shui. Estas flores especiales son: peonías, crisantemos, magnolias blancas, orquídeas y lotos.

La peonía es la más favorable, representa riqueza, honor y amor. Cuando florece simboliza gran fortuna. Durante la dinastía T'ang, esta flor era conocida como "la reina de las flores" y representaba a una persona rica y feliz[2].

El crisantemo simboliza felicidad y risa. Esta flor es buena tanto adentro como afuera de la casa, pues anuncia una vida de confort y felicidad. Los crisantemos también simbolizan el otoño (el bambú representa el verano, las flores de ciruelo el invierno, y el epidendrum, especie de orquídea, la primavera).

Las peonías y los crisantemos son encontrados en todas partes durante las celebraciones del año nuevo chino.

Las magnolias blancas y las orquídeas simbolizan buen gusto, dulzura y feminidad.

El loto siempre ha sido considerada una flor sagrada para los budistas, y representa pureza. Esto se debe a que surge triunfante del agua fangosa hacia la superficie. Dentro de la casa el loto simboliza paz, tranquilidad, creatividad y espiritualidad. Las variedades blancas y rojas pueden ser encontradas en la China, y aparecen frecuentemente en pinturas donde a menudo representan un trono o carruaje para un dios o una diosa.

Los geranios también son flores que se deben tener en el jardín. Se cree que las rojas atraen prosperidad, y las blancas paz mental y sueños agradables.

Acebo atrae el dinero, especialmente si está plantado en el sudeste. Cualquier cosa redonda simboliza dinero. El común diente de león es un buen ejemplo, y se cree también que mantiene con buena salud a los miembros de la familia.

El jazmín simboliza amistad y afecto. Los acianos son también buenos para estimular y mantener relaciones armoniosas.

Los narcisos simbolizan generosidad, claridad mental y comunicación. Sin embargo, deben ser usados moderadamente, ya que demasiados pueden disipar sus energías.

Las rosas son muy beneficiosas, especialmente cuando se tiene un número impar de ellas en el jardín.

Los tulipanes, especialmente los rojos, simbolizan amor y romance.

Todas las plantas son buenas desde el punto de vista del feng shui[3].

Agua

El agua también puede usarse como un remedio externo efectivo. La mayoría de ciudades grandes son demasiado yang, y un estanque o cascada provee el balance yin necesario para crear armonía y felicidad. Estos beneficios pueden ser realzados con un ajardinamiento atractivo, pues sabemos que las plantas dan buena suerte.

Naturalmente, el agua necesita mantenerse limpia. Si está estancada o es sucia y maloliente crea ch'i negativo.

Los estanques para peces son bastante beneficiosos. Además de proveer agua, simbolizan riqueza, abundancia y progreso.

La carpa es extremadamente popular en la China. En chino la palabra "carpa" suena como "tener riqueza", lo cual es de muy buen augurio. Este pez es también una afirmación silenciosa. Cada marzo se abre camino a través de rápidos y cascadas en el Río Amarillo para llegar a su área de reproducción. El valor y la resistencia de estos peces son enseñados a los niños para mostrarles que deben tener dichas cualidades si quieren triunfar en la vida.

Las fuentes son excelentes para crear ch'i, y simbolizan el movimiento de dinero. Por consiguiente, son frecuentemente encontradas afuera de las entradas principales de construcciones dedicadas a hacer dinero. Una fuente afuera de la puerta frontal de su casa creará ch'i y aumentará su riqueza.

Luces

Las luces exteriores son un remedio muy útil del feng shui para construcciones o terrenos de forma irregular. Una lámpara puede ser usada para llenar simbólicamente el espacio vacío de una casa en forma de L. El remedio es colocarla en la esquina que se proyecte hacia el sector de tierra "faltante".

La iluminación detrás de la casa es un remedio efectivo para otras áreas de tierra de forma irregular.

Las luces pueden también ser usadas para dar equilibrio cuando la casa ha sido construida sobre un lado del terreno.

Espejo pa-kua

Un pa-kua puede ser usado para reflejar los shars hacia su lugar de origen. Los espejos normales son considerados yin y pasivos, pero los pa-kua son yang y activos. Por consiguiente, deberían ser usados con precaución. Vea primero si es posible remediar la situación con otros métodos, y use un espejo pa-kua como un último recurso.

Remedios dentro de la casa

Luces

Cualquier cosa que capture o refleje luz puede usarse como remedio. Instalaciones, objetos de cristal y espejos son buenos ejemplos. Pueden ser usados para atraer ch'i en esquinas oscuras, o cualquier área que deseemos activar.

Los espejos pueden utilizarse para reflejar vistas atractivas externas. Si tiene una vista agradable de agua o un campo, puede usar un espejo para llevar esta buena fortuna a su casa, obteniendo abundancia de ch'i beneficioso.

Los espejos simbólicamente duplican las cosas, y pueden ser usados para hacer que habitaciones pequeñas parezcan más grandes, o para reflejar la comida de la mesa del comedor, estimulando la sensación de abundancia.

También pueden emplearse para remediar habitaciones en forma de L. Si se ubican sobre dos paredes salientes eliminan el shar, haciendo desaparecer simbólicamente el ángulo.

En general, los espejos deben ser grandes, pues los pequeños cortan simbólicamente la cabeza y los pies. Todos son beneficiosos, pero no debe tener demasiados en su casa.

Los cristales son muy útiles, pues atraen el ch'i y luego lo envían en todas las direcciones. Una araña de luces es un verdadero magneto de ch'i. Los vasos de cristal, pisapapeles y otros objetos decorativos hechos de vidrio son bastante beneficiosos para crear armonía y felicidad.

Plantas

Las plantas son favorables adentro y afuera. Obviamente, deben ser bien cuidadas para que luzcan fuertes y sanas. Plantas de maceta y flores recién cortadas crean abundante ch'i, y un ambiente más agradable.

Las plantas artificiales de buena calidad también son efectivas, pero deben ser mantenidas limpias. Se deben evitar las flores secas, pues toda el agua se ha drenado de ellas. Esto crea un fuerte ch'i negativo.

Además de estimular ch'i, las plantas simbolizan vida, crecimiento y progreso. Pueden ser usadas para eliminar shars creados por ángulos agudos, columnas cuadradas y pasillos largos.

Las flores recién cortadas pueden ser usadas para activar cualquier sector de la casa. Son particularmente efectivas en las áreas del matrimonio, la familia y los mentores.

Agua y peces

El agua es altamente positiva en el feng shui. Sin embargo, debe asegurarse de no usar demasiada, particularmente si usted pertenece al elemento fuego. Las fuentes interiores se han vuelto muy populares y proveen una excelente fuente de ch'i. Además lucen atractivas y crean movimiento.

Los acuarios también son beneficiosos. Los peces, al igual que las plantas, simbolizan crecimiento, progreso, riqueza y abundancia. En Asia es común encontrar estanques con tortugas y peces dorados en jardines de templos. Las tortugas simbolizan longevidad y los peces representan riqueza. También es usual ver estatuas de peces en los techos de los templos, con el fin de alejar el fuego. También simbolizan libertad de restricciones, y son considerados un emblema sagrado en el budismo[4].

No es necesario que los peces estén vivos para que representen prosperidad. Una pintura de peces, y peces decorativos proveen los mismos beneficios. Yo tengo uno hecho en cerámica en mi oficina.

Como se mencionó anteriormente, ocho peces dorados y uno negro son la combinación ideal. No obstante, dos peces simbolizan armonía matrimonial, y son frecuentemente usados para bendecir parejas recién casadas.

Sonidos

Los tubos sonoros son remedios efectivos. Tienen la ventaja de estar disponibles en diversos materiales, y pueden también ser pintados para armonizar con el elemento personal de cada individuo. Lo importante es que sean huecos para que el ch'i penetre dentro de ellos.

Cada vez que son movidos por el viento, se oye un sonido agradable que recuerda a las personas que el ch'i está fluyendo.

Las campanas tradicionales también son útiles. Pero debido a que deben ser palmeadas o sacudidas para crear sonidos placenteros, no son muy usadas tan comúnmente como los tubos sonoros o las campanas de viento.

Los gongos ceremoniales son a veces encontrados en casas del lejano Oriente. Son usados para simbolizar la riqueza de la familia pasando a través de las generaciones. Usualmente se mantienen en el comedor para representar abundancia de alimento. Las campanas y los gongos son particularmente útiles para crear espacios sagrados, ya que sus sonidos resuenan por toda la casa[5].

Las flautas de bambú son un remedio común para las vigas de los techos. Se cuelgan dos de ellas en cada travesaño. Tradicionalmente son colgadas con una cinta roja ubicando las boquillas hacia abajo. Obviamente estas flautas no son tocadas. Sin embargo, se cree que el sonido que producen levanta el espíritu de cualquiera que pueda oírlas. También aumentan la autoestima, la confianza personal, y hacen que las personas se sientan seguras y protegidas.

Ya que los equipos de radio y televisión producen sonidos agradables, pueden ser usados como remedios del feng shui. No obstante, deben usarse con cautela, pues también pueden crear ch'i negativo cuando los sonidos son disonantes.

Objetos en movimiento

Molinos de viento, puertas giratorias y ventiladores pueden entrar en esta categoría. Los molinos de viento móviles lucen atractivos y se mueven suavemente con la brisa. Son a veces usados para reemplazar las campanas de viento. Esto se debe a que a algunos practicantes del feng shui no les gusta dichas campanas dentro de la casa.

Las puertas giratorias proveen un remedio para shars creados por pasillos largos y cualquier otra línea recta que apunte directo hacia la puerta.

Los ventiladores mantienen el ch'i en movimiento y evitan que se estanque. Son particularmente importantes para dispersar olores y refrescar habitaciones que rara vez se usan.

Objetos pesados

Objetos pesados, tales como rocas, estatuas y piezas de mueblería se usan para balancear áreas demasiado yin, o llanas. También pueden utilizarse para armonizar una habitación que tenga todos los muebles sobre un solo lado.

Evalúe el área problema cuidadosamente antes de adicionar un objeto pesado. A veces puede cambiar la localización de los muebles para alcanzar el equilibrio sin necesidad de agregar algo grande o pesado.

Colores

Los colores que se relacionan con cada uno de los elementos pueden ser usados para crear armonía y equilibrio en la casa. Las habitaciones principales deben contener colores que se asocien con el elemento personal de la cabeza del hogar, mientras las otras deberían reflejar el elemento de los miembros de la familia que más las usen. Naturalmente, es bueno que utilice colores que reflejen sus gustos, y estos pueden no corresponder a los dictados por el ciclo de producción. Afortunadamente, un objeto pequeño del color correcto es todo lo que se requiere para satisfacer las necesidades del elemento personal de los ocupantes.

Los colores claros deben ser usados en los techos. Los oscuros simbolizan una nube que flota sobre los ocupantes. Esto hace sentir presión y crea estancamiento de ch'i.

El rojo siempre ha sido considerado el color de la buena suerte. Por esta razón el decorado de los restaurantes chinos suele ser rojo y dorado. Durante el año nuevo lunar son distribuidos paquetes rojos con dinero a empleados y niños.

El oro simboliza riqueza y prosperidad.

El verde se relaciona con la primavera, la estación del renacimiento. Por consiguiente, simboliza crecimiento y motivación.

El negro es usualmente considerado un color negativo, pero puede ser una excelente elección, particularmente para personas del elemento agua. Obviamente, debe ser usado con cuidado, pero se obtienen sorprendentes resultados.

La escogencia de colores es un asunto personal, y su juicio estético es más importante que la relación que ellos tienen con los cinco elementos.

9

Recetas para la felicidad

Filosofía, la leche dulce de la adversidad.

—William Shakespeare, *Romeo y Julieta*, Acto 3

Los chinos tienen una filosofía única y una particular visión de la vida. Durante miles de años las condiciones fueron extremas y difíciles, y la vida era una constante lucha por sobrevivir. De hecho, la existencia debió parecer algo sin sentido, hasta que las personas empezaron a vivir en armonía con la tierra, en lugar de luchar contra ella.

A través de miles de años se desarrolló una filosofía de la vida. Esto se basó en la aceptación de lo que trae la vida. No había necesidad de esforzarse por buscar riqueza o fama. La vida podía ser muy rica si era aceptada y se tomaba de manera objetiva. Si usted adoptaba tal concepción de las cosas, podía ser feliz sin importar lo que sucediera.

Los dos filósofos más famosos de la historia china fueron Lao-tzu y Confucio. Es asombroso que tres de los más importantes pensadores de todos los tiempos hayan nacido en fechas cercanas. Lao-tzu nació el año 570 a. de C., Buda en el 563 y Confucio en el 551. La fecha de nacimiento de Lao-tzu es aproximada, pero fue contemporáneo de los otros, pues hay numerosos informes de una reprensión que dio a Confucio cuando este joven hombre lo visitó.

La influencia que Lao-tzu y Confucio tuvieron sobre el pensamiento chino es incalculable.

Lao-tzu

Los chinos son personas pragmáticas que han producido muy pocos místicos. El más famoso fue Lao-tzu, quien existió hace dos mil quinientos años. Fue el autor de Tao Te Ching (El Camino)[1]. Se le ha acreditado la fundación del taoísmo, lo cual no es estrictamente correcto, ya que esta religión se inició antes que él naciera[2].

Se conoce poco acerca de la vida de Lao-tzu. Se cree que vivió ciento sesenta años. En algún tiempo fue conservador de la Librería Nacional de Luoyang, en esa época la capital de la Dinastía Chou[3].

Se cree que tuvo un encuentro con el joven Confucio, y lo reprendió por ser muy orgulloso y ambicioso. Confucio se impresionó tanto con el viejo anciano, que lo comparó con un dragón que puede elevarse y volar sobre los vientos y las nubes[4].

Originalmente, la palabra "Tao" significaba un curso particular de acción, probablemente militar, ya que el carácter combina "pie" con "líder"[5]. Lao-tzu interpretó tao como el camino, la esencia del universo. En un poema describe el camino como un hueco que nunca puede ser llenado, pero del cual todo llega.

Lao-tzu afirmaba que sus enseñanzas eran fáciles de seguir y poner en práctica. Sin embargo, el lenguaje que escogió hizo difícil que personas del común lo entendieran. A través de los siglos han habido innumerables interpretaciones que han amenazado ocultar lo que fue esencialmente una forma perfecta de vida. No obstante ha sido respetado y venerado todos los tiempos por sus ideas. Los confucianistas lo consideran un gran filósofo, los taoístas lo ven como un ser divino, y el común de la gente lo toma como "un santo o dios"[6].

Lao-tzu tenía mucho que decir acerca del arte de vivir, y su libro Tao Te Ching podría ser considerado una receta para la felicidad.

Sea humilde

Lao-tzu usa la analogía del agua para explicar este concepto. Dice que aunque nada es más suave que el agua, nada es mejor para debilitar y desgastar lo duro. En otras palabras, lo débil puede superar lo fuerte.

Lao-tzu dice que un hombre bueno es como el agua. Esta alimenta y apoya la vida, pero nunca trata de apoderarse de tierras altas. Permanece a gusto en lugares bajos, pues sabe que los grandes océanos gobiernan todos los arroyos y ríos estando en la posición inferior.

Si quiere recibir debe primero dar. Debe ser humilde, ubicándose debajo de los demás, si desea estar por encima. Jesús compartió esta filosofía y lo demostró cuando lavó los pies de sus discípulos. Al hacer esto probó realmente que era superior a ellos.

Por consiguiente, usted no debería luchar desesperadamente para progresar. Debe permanecer calmado, y trabajar diligentemente hasta que llegue el momento indicado, el cual debe aprovechar para alcanzar sus objetivos de manera natural y fluida.

Sea compasivo

Lao-tzu listaba tres tesoros: la compasión, la frugalidad, y la falta de interés por ser el primero.

Siendo compasivo, se interesará por el bienestar de los demás. Esto significa que no los olvidará en su deseo de progreso.

Si es comedido podrá usar mejor sus propios recursos.

Si no desea ser el número uno, es probable que se encuentre en tal posición.

Lao-tzu ilustró estos conceptos explicando que mientras las personas están vivas, sus cuerpos son blandos y móviles, pero cuando mueren éstos se tornan rígidos. Las plantas también son flexibles cuando tienen vida, pero se secan y se vuelven quebradizas al morir.

Por consiguiente, ser rígido e inmovible es similar a estar muerto. Siendo flexible, y estando preparado para ceder cuando sea necesario, tendrá éxito finalmente.

Lao-tzu describe a un buen general como aquel que usa la guerra sólo cuando no hay alternativa, se detiene tan pronto como su objetivo ha sido alcanzado, y no siente placer por la victoria, pues no disfruta matar a los demás. El general Norman Schwartzkopf es un buen ejemplo moderno de tal clase de persona.

Limite sus deseos

Lao-tzu escribe que las personas que anhelan menos tendrán más. Las que desean demasiadas cosas, finalmente se obsesionarán, y sus deseos tomarán su propio camino. La codicia ilimitada es el mayor vicio. Lao-tzu consideraba que ningún desastre era peor que los deseos insaciables.

Si está conforme con lo que tiene, ello resultará suficiente y será feliz. Disfrutará paz mental cuando sean pocos sus deseos.

Aléjese de sí mismo

Cuando usted está demasiado cerca a su ego, tiende a preocuparse y a sentir ansiedad por cosas externas. La vida será más armoniosa sólo cuando se olvide de sí mismo. Disfrutará más la existencia una vez que deje de pensar en forma individualista. Entre más haga cosas por los demás, más tendrá para usted mismo. Cuando deje de ser egoísta, sus objetivos se realizarán. Sólo una persona verdaderamente altruista podría gobernar el mundo.

Dé un paso a la vez

Siempre es mejor manejar las dificultades menores antes que las mayores. Si desea alcanzar grandes objetivos, establezca una serie de metas pequeñas que lo llevarán finalmente a ellos. Tal vez las palabras más famosas de Lao-tzu son: "Un viaje de mil millas comienza con un pequeño paso".

Las personas que logran grandes cosas no las consideran de tal categoría. Planean lo que quieren realizar, y son conscientes de las dificultades que pueden ocurrir en el camino hacia sus objetivos. Haciendo esto, pueden manejar cualquier problema antes que se vuelva difícil de superar.

Estos individuos al estar más cerca del objetivo, están más propensos a fracasar. Por consiguiente, son tan cuidadosos al final como al comienzo.

Sepa cuándo detenerse

Siempre es mejor detenerse antes que la copa se rebose. En otras palabras, pare tan pronto como el trabajo sea hecho. No hable ni espere demasiado tiempo.

Si es paciente, alegre y modesto, llevará una vida sólida llena de felicidad.

El mismo Lao-tzu era consciente de lo difícil que es poner en práctica todos estos preceptos.

Confucio

Confucio es actualmente famoso por sus aforismos, pero era un dedicado historiador, y fue el estudio de la historia lo que le permitió crear su filosofía. Su concepto de moral y orden social es llamado *li*, una palabra que virtualmente no se puede traducir al español. En cierto sentido, simboliza un mundo perfecto con todo en su sitio correcto. También representa rectitud, buenas maneras, justicia, e incluso fe. En China, el confucianismo es a veces referido como la religión de li[7].

Confucio fue conocido como "El Rey sin Trono"[8], pero también fue frecuentemente condenado y ridiculizado durante su vida.

El confucianismo es una filosofía que incluye ética personal, empatía, y una profunda compasión por los demás. Confucio creía que enseñando a los hombres a ser honestos y compasivos, el mundo sería un lugar más armonioso y habría más felicidad. El llamó a las personas honestas y compasivas "hombres superiores".

Confucio describía un hombre superior como la combinación de tres tipos diferentes de hombres: verídico, sabio y valiente. De acuerdo a Confucio, un hombre verídico no tiene preocupaciones, el sabio no se confunde y el valiente no teme a nada.

Sus seguidores dicen que esta era la descripción del mismo Confucio. Sin embargo, él pensaba que no había triunfado, admitiendo que sólo trató de ser lo mejor posible. Esto probablemente se debió a que nunca fue nombrado en una posición importante, y se sintió inapreciado.

No obstante, a pesar de la falta de éxito de Confucio en su vida, su legado es aún fuerte en China, y contiene lecciones valiosas para nosotros. La cooperación y lealtad dentro de la unidad familiar, y un gran interés social beneficia a todos y no perjudica a ninguno.

Los chinos creen que alcanzamos una forma de inmortalidad cuando hacemos del mundo un mejor lugar que el existente cuando nacimos. Esto nos permite dejar una "fragancia" que perdurará durante cien generaciones. Si nos preocupamos por la familia y los amigos, continuamos aprendiendo todo acerca de la vida, a trabajar duro, y a tener un estricto código de integridad, seremos felices, exitosos, y nuestra existencia será valiosa.

10

Direcciones favorables y desfavorables

Feliz el hombre, y feliz él solo,
El, quien puede llamar hoy su soledad;
El que, seguro de sí mismo, puede decir,
Mañana puede ser peor, pero hoy he vivido.

—Horacio

Hay cuatro direcciones positivas y cuatro negativas, determinadas por nuestro año de nacimiento. Si ha viajado por Oriente probablemente observó lo interesados que son los asiáticos por el juego. La dirección de la prosperidad es una de las favorables, y a ellos les gusta mirar hacia esta dirección cuando apuestan. He visto a dos jugadores discutiendo por mirar hacia la misma dirección. La "escuela de la brújula" del feng shui usa los ocho triagramas del I Ching para determinar nuestras direcciones positivas y negativas. Los ocho triagramas comprenden todas las combinaciones posibles de líneas continuas y fraccionadas. Las líneas continuas representan energía yang (masculina). Las fraccionadas son relacionadas con energía yin (femenina).

Hay una fórmula simple que le dirá a qué triagrama pertenece.

Si es hombre, reste de 100 los dos últimos dígitos de su año de nacimiento, y luego divida por nueve. La respuesta es ignorada. Lo importante es el resto.

Por ejemplo, si usted es un hombre que nació en 1957, sustraemos 57 de 100, lo cual nos da 43. Luego dividimos 43 por 9, lo que nos arroja un resto igual a 7 (9x4 = 36, con 7 de residuo). Su triagrama es Tui.

Otro ejemplo, esta vez para un hombre nacido en 1964. Tenemos 100-64 = 36, y 9x4 = 36. No hay resto. Entonces es un Li.

La fórmula para las mujeres es ligeramente distinta. Empezamos restando 4 de los dos dígitos de su año de nacimiento, y luego dividimos la respuesta por 9. De nuevo, el residuo es el que nos interesa.

En el caso de una mujer nacida en 1944, restamos 4 de 44, lo cual nos da 40, que dividido por 9 da un resultado de 4, con 4 como residuo. Por consiguiente ella es Sun.

Podemos determinar el triagrama al que pertenecemos usando el residuo y dirigiéndonos a la siguiente lista:

Si el residuo es **uno**, la persona es un **K'an**.

Si residuo es **dos**, la persona es un **K'un**.

Si el residuo es **tres**, la persona es un **Chen**.

Si el residuo es **cuatro**, la persona es un **Sun**.

Si el residuo es **cinco**, la persona es un **K'un** si es hombre, y **Ken** si es mujer.

Si el residuo es **seis**, la persona es un **Chien**.

Si el residuo es **siete**, la persona es un **Tui**.

Si el residuo es **ocho**, la persona es un **Ken**.

Si **no hay residuo** la persona es un **Li**.

Cada uno de los triagramas tiene un significado y se relaciona con diferentes partes de su casa.

Chien

Chien —Lo creativo—

Chien está compuesto por tres líneas continuas (yang). Se relaciona con el padre de la familia y las habitaciones que probablemente usa, como el estudio, la oficina o la alcoba principal. La dirección de Chien es el Noroeste.

K'un

K'un —Lo receptivo—

K'un consta de tres líneas discontinuas (yin), y simboliza cualidades maternales. Por consiguiente, se relaciona con la madre y las habitaciones que usualmente ocuparía, como la cocina y el cuarto de costura. La dirección de K'un es el Suroeste.

Chen

Chen —El despertar—

Chen está formado por dos líneas fraccionadas (yin)
encima de una continua (yang). Simboliza la dirección Este
y al hijo mayor. Por consiguiente, su alcoba debería estar
ubicada en dicha parte de la casa.

Sun

Sun —Lo amable—

Sun consta de una línea dividida (yin) debajo de dos continuas (yang). Representa la dirección Sureste y a la hija
mayor. La alcoba de este miembro de la familia debe ubi-
carse en la parte Sureste de la casa.

K'an

K'an —Lo abismal—

K'an está formado por una línea continua (yang) entre dos
líneas divididas (yin). Simboliza el Norte y el hijo medio.
La habitación de esta persona debe localizarse en la parte
Norte de la casa.

Li

Li —El aferro—

Li está formado por una línea dividida (yin) entre dos
líneas continuas. Representa el Sur y la hija media. El Sur
es una buena dirección para su habitación.

Ken

Ken —Estarse quieto—

Ken consta de dos líneas fraccionadas debajo de una continua. Simboliza el Noreste y el hijo menor. Su habitación
debe estar en la parte Noreste de la casa.

Tui

Tui —Lo alegre—

Tui consiste en dos líneas continuas (yang) debajo de una
línea dividida (yin). Representa el Oeste y la hija menor. La
habitación de ésta debe estar localizada en la parte occidental de la casa.

Casas del Este y el Oeste

Los triagramas pueden ser divididos en dos grupos: las cuatro casas del Este (Li, K'an, Chen y Sun) y las cuatro casas del Oeste (Chien, K'un, Ken y Tui). Los triagramas en las casas del Este pertenecen a los elementos fuego, agua y madera, que de acuerdo al Ciclo de Producción son un grupo altamente compatible. Los triagramas en las cuatro casas del Oeste pertenecen a los elementos tierra y metal, los cuales son bastante armoniosos.

Es probable que sea más feliz en una casa que corresponda al grupo que usted pertenece. Por ejemplo, si es un Tui, lograría la máxima felicidad en una casa Tui. Sin embargo, también sería muy feliz en una casa Chien, K'un o Ken, ya que pertenecen al mismo grupo suyo.

La vivienda correcta para usted está determinada por la dirección que mire la parte trasera de su casa. En el feng shui, esta se conoce como la dirección en la que se "ubica" la parte trasera de la vivienda. Las direcciones son como sigue:

Una casa **Li** se ubica hacia el Sur y mira hacia el Norte.

Una casa **K'un** se ubica al Suroeste y mira al Noreste.

Una casa **Tui** se ubica al Oeste y mira al Este.

Una casa **Chien** se ubica al Noroeste y mira al Sureste.

Una casa **K'an** se ubica al Norte y mira al Sur.

Una casa **Ken** se ubica al Noreste y mira al Suroeste.

Una casa **Chen** se ubica al Este y mira al Oeste.

Una casa **Sun** se ubica al Sureste y mira al Noroeste.

Por consiguiente, es probable que sea muy feliz si es un Li y su puerta frontal mira hacia el Norte. Sin embargo, también sería feliz en una casa donde la puerta mire al Sur, Oeste, o Noroeste, pues estas direcciones armonizan bien con personas que pertenecen al grupo de las cuatro casas del Oeste.

Ahora que conoce su triagrama personal, puede encontrar sus direcciones positivas y negativas en la figura 10A. Hay cuatro direcciones positivas y cuatro negativas en cada casa. Por ejemplo, en una casa Tui, que mira al Este y se ubica al Oeste, las direcciones positivas son Oeste, Suroeste, Noreste y Noroeste. Las negativas son Este, Norte, Sureste y Sur.

Direcciones positivas

Es buena idea que mire hacia una de sus cuatro direcciones favorables cuando esté haciendo algo importante, como negociar un contrato o firmar papeles.

Afortunadamente, hay una forma fácil de determinar las localizaciones favorables. Si su triagrama pertenece al grupo de las cuatro casas del Este, son buenas para usted las direcciones Sur, Norte, Este y Sureste. Si su triagrama pertenece a las cuatro casas del Oeste es probable que le favorezcan las direcciones Noroeste, Suroeste, Noreste y Oeste.

Idealmente, su puerta frontal debería mirar hacia una de sus direcciones positivas, al igual que la puerta de su alcoba y la del horno.

Casa	Chien	K'un	Ken	Tui	Li	K'an	Chen	Sun
Se ubica	NO	SO	NE	O	S	N	E	SE
Direcciones positivas								
Principal	NO	SO	NE	O	S	N	E	SE
Salud	NE	O	NO	SO	SE	E	N	S
Longevidad	SO	NO	O	NE	N	S	SE	E
Prosperidad	O	NE	SO	NO	E	SE	S	N
Direcciones negativas								
Muerte	S	N	SE	E	NO	SO	O	NE
Disastre	SE	E	S	N	NE	O	SO	NO
Seis shars	N	S	E	SE	SO	NO	NE	O
Cinco fantasma	E	SE	N	S	O	NE	NO	SO

Figura 10A: Direcciones positivas y negativas

Localización principal

La localización principal es buena, y es siempre la dirección en la que se ubica la casa. Se conoce comúnmente como *fu wei* (que significa "buena vida"). Está relacionada con la alegría y la felicidad. Esta parte de la casa es conveniente para las alcobas. Sin embargo, se cree que si su alcoba es situada en esta área, tendrá más descendientes hombres que mujeres. Las personas con cargos administrativos pueden beneficiarse con sus escritorios mirando a la dirección principal.

Localización de la salud

Esta área es comúnmente conocida como Tien Yi (que significa "doctor celestial"). Este sector genera vitalidad y buena salud. Es un excelente lugar para la alcoba principal. También es una buena posición para el comedor, pues la localización de la salud promueve buenos amigos a nuestras vidas. Se cree que es bastante favorable tener la puerta del horno mirando en esta dirección. Si se encuentra enfermo, es buena idea que oriente su cama hacia la dirección de la salud.

Localización de la longevidad

Este sector es usualmente conocido como Nien Yi (que significa "una larga vida con muchos descendientes"). Esta área crea paz, armonía y buena salud. Se relaciona particularmente con relaciones familiares cercanas. Es un buen lugar para las alcobas de los ancianos, y es también una buena posición para el comedor o la habitación familiar. Esta localización debería ser estimulada cada vez que haya problemas entre miembros del hogar.

Localización de la prosperidad

Esta es la localización más propicia de la casa. Es comúnmente llamada Sheng Chi (que significa "generar buen ch'i"). Representa progreso, entusiasmo, energía y éxito financiero. Es una buena localización para la puerta frontal, la puerta de la cocina, el estudio, y cualquier área donde se atiendan las cuentas de la familia. Las perspectivas económicas mejoran cuando se activa este sector. De hecho, se cree que si esta parte de la casa es cuidada, los ocupantes finalmente lograrán riqueza.

Esta es su dirección de mayor importancia. Su éxito estará asegurado si orienta en tal sentido las cosas más importantes de su vida, y al mismo tiempo evita los shars. Puede hacerlo teniendo en cuenta esta dirección para la ubicación de la cama y la puerta frontal (al abrirse), al igual que el rumbo tomado para ir al trabajo.

Direcciones negativas

Todas las direcciones negativas son buenas para ubicar el sanitario, ya que el ch'i negativo puede ser "drenado".

Localización de la muerte

Esta localización es el peor sector de su hogar, y la peor posición posible para su puerta frontal. Se cree que la familia sufrirá problemas de salud, y pérdidas de dinero y reputación, si la puerta frontal mira hacia esta dirección. Esta área se conoce como Chueh Ming, que significa "catástrofe total".

Localización del desastre

La localización del desastre está relacionada con disputas, ira, agresiones y problemas legales. Es comúnmente conocida como Ho Hai, que significa "accidentes y peligro". Es un buen sector para una despensa, un cuarto de almacén, o un sanitario. Si su cama apunta en esta dirección, es probable que sufra una serie de contratiempos menores.

Localización de los seis shars

Esta área está relacionada con escándalos, tardanzas, problemas legales y pérdidas. Comúnmente se conoce como Lui Shar, que significa "seis muertes". Esta es una buena localización para la cocina o el sanitario.

Localización de los cinco fantasmas

Este sector se relaciona con fuego, robos, y problemas económicos. También se asocia con disputas. Se conoce como Wu Kuei, que significa "cinco fantasmas". Si su puerta frontal mira en esta dirección, es probable que sea víctima de incendios o robos.

Su puerta frontal

Como una referencia fácil, las siguientes son las mejores direcciones a las que debe mirar la puerta frontal:

Si es un K'an...

... la dirección Sur significa que le irá bien económicamente.

... la dirección Sureste significa que tendrá muchos descendientes.

Si es un K'un...

... la dirección Noroeste anuncia un matrimonio feliz y duradero.

... el Noreste o el Oeste son direcciones buenas para la fama, el honor y el reconocimiento.

Si es un Chen...

... la dirección Sureste significa rápidos ascensos y niños obedientes.

... las direcciones Sur o Norte significan riqueza obtenida con poco esfuerzo.

Si es un Sun...

... la dirección Este hace que a sus hijos les vaya bien en el estudio.

... el Sur o el Norte sugieren que tendrá éxito financiero, y sus descendientes se beneficiarán de su duro trabajo.

Si es un Chien...

... el Suroeste significa que tendrá éxito económico.

... el Noreste o el Oeste sugieren que la fortuna que acumula durará varias generaciones.

Si es un Tui...

... el Noreste significa que su fortuna mejorará constantemente.

... el Noroeste y el Suroeste sugieren que se beneficiará financieramente, y aumentará la riqueza.

Si es un Ken...

... la dirección Oeste induce una vida familiar feliz y muchos descendientes.

... las direcciones Noroeste y Suroeste indican que su vida tendrá riqueza en todos los aspectos.

Si es un Li...

... la dirección Norte significa que tendrá éxito financiero.

... las direcciones Este y Sureste indican que a sus hijos les irá bien académicamente.

Usando sus direcciones favorables puede mejorar su vida de muchas maneras. Si las usa en el tiempo apropiado, su progreso en la vida será más fácil y feliz.

11

Reuniendo todo

Sostenemos estas verdades para que sean manifiestas: todos los hombres son creados iguales, son dotados por su Creador con ciertos derechos inalienables, entre ellos la vida, la libertad y la búsqueda de la felicidad.

—La Declaración de Independencia de
los Estados Unidos

La gente me solicita que aplique el feng shui a sus casas por muchas razones. Usualmente, es debido a que son conscientes de que algo no está bien, pero no están seguros de lo que es. A menudo las personas quieren una evaluación de feng shui para mejorar la posición económica o atraer —o mejorar— una relación. Muy rara vez piden una evaluación sólo para ser más felices. Sin embargo, todos encuentran que sus vidas se tornan más armoniosas y felices cuando han hecho los cambios necesarios.

Puedo recordar sólo dos casos donde deseaban una evaluación para aumentar la felicidad.

El primero de estos involucra a un compositor de mediana edad llamado Stefan, quien vivía con una mujer casi veinticinco años menor que él. Mónica era una enorme inspiración, y su producción se había incrementado dramáticamente en los tres años que habían estado juntos. La casa que habitaban era agradable y cómoda, además reflejaba sus intereses y personalidades. Parecían muy unidos y daban la impresión de haber sido muy felices.

"Eso es lo que todos piensan", me dijo Stefan, mientras se sentaba en su hermoso y cuidado jardín. "Pero somos felices cuando estamos solos. Cada vez que salimos, la gente parece reaccionar negativamente con nosotros. Tal vez es envidia, quizás no les gusta ver un hombre mayor con una mujer joven y hermosa —no sabemos—".

Durante la conversación me enteré que Stefan había sido víctima de celos profesionales a lo largo de su carrera. El escribía música comercial y le había ido bien económicamente. Sus colegas consideraban que lo que escribía no era verdaderamente música. Esto era hiriente para Stefan, pero ya estaba acostumbrado.

Mónica es una atractiva diseñadora de modas de veinticinco años de edad. Ella ganó su primer premio cuando aún estaba en el colegio, y recibió gran publicidad desde entonces. Sus labores también eran exitosas, y experimentaba los mismos problemas de Stefan.

No me sorprendí de que estas dos talentosas personas se hubieran encontrado, pues cada uno sabía exactamente lo que el otro atravesaba.

"Tan pronto como empezamos a salir juntos, todo cambió", dijo Stefan. "La gente pensaba que era sólo algo sexual, y que se acabaría en un par de meses. El hecho de que hayamos permanecido juntos, y que estemos ahora más unidos que nunca, molesta a las personas. ¿Por qué no nos dejan en paz?".

"No les gusta que seamos felices", dijo Mónica. "Cada vez que salimos, nos damos cuenta que hablan de nosotros a nuestras espaldas. Incluso algunos hacen comentarios deliberadamente, conscientes de que los estamos escuchando".

"Nos hemos vuelto casi ermitaños", afirmó Stefan. "Somos realmente felices sólo cuando estamos en casa".

Tenían un hermoso apartamento con vista a un puerto. Una fuente afuera de la entrada principal del complejo proveía abundante ch'i. El acceso al apartamento era a través del área de la sala de espera, o siguiendo un camino que cruzaba un césped y guiaba directamente a una entrada a la sala.

El apartamento tenía tres alcobas. Ellos compartían el dormitorio principal, y usaban las otras para realizar sus labores. Era una vivienda de buen tamaño, pero la sala estaba llena de corotos creados por el crecimiento de sus operaciones.

"Juntos tendemos a usar la sala como cuarto de trabajo", me dijo Stefan. "Puedo tocar para Mónica mientras diseña, y parece que esto nos ayuda". Luego miro alrededor de la habitación. "Usualmente está peor que ahora. La arreglamos antes de que usted llegara".

Stefan y Mónica realmente quieren que la gente deje de hablar de ellos tras sus espaldas. Estaban seguros que no estaban siendo paranoicos, ya que algunas personas hacían comentarios en su presencia.

"Nos está yendo bien en nuestras profesiones", dijo Stefan. "Y las dos ocupaciones son públicas y de gran actualidad, así que tenemos que esperar que personas menos exitosas traten de atropellarnos. Sucede cuando alguien triunfa. Sé que podría ser el padre de Mónica, pero la amo y ella me ama. Supongo que siempre seremos objetos de chisme, pero esto ha ido demasiado lejos".

"Si podemos reducir los comentarios negativos ¿serían más felices?". Pregunté.

"¡Seríamos tan felices si supiéramos qué hacer!", exclamó Mónica.

Comencé mi evaluación caminando a través del apartamento (ver Figura 11A). Estaba bien iluminado y recibía luz solar todo el día. Mientras me encontraba en la puerta frontal que miraba al Norte, podía ver a través de las puertas de vidrio al extremo de la sala, y hacia afuera hasta más allá del puerto. Esto es usualmente un factor negativo, pues el ch'i que entra por la puerta frontal desaparece inmediatamente por la trasera. Sin embargo, en este caso, entraba más ch'i por las grandes puertas corredizas de vidrio que por la puerta frontal. Una gran araña de luces en medio de la sala atraía ch'i de ambas entradas y lo reflejaba alrededor del apartamento. Esto actuaba como un remedio, aunque en esta situación particular no se requería ninguno.

La sala era rectangular, con una cocina abierta a la derecha. Afortunadamente el sector de la cocina no era visible desde la puerta frontal. Stefan y Mónica tenían cuatro taburetes alrededor de un área curva para comer, pero no había mesa de comedor.

"Casi siempre comemos fuera", explicó Stefan.

"Eso se debe a que la sala está usualmente desordenada", afirmó Mónica.

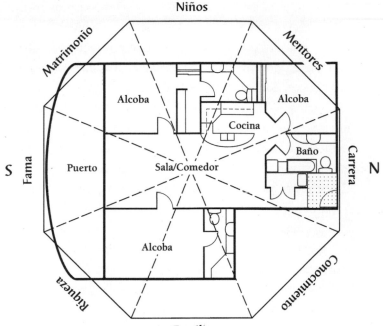

**Figura 11A: Plano del apartamento
de Stefan y Mónica**

Stefan puso su brazo alrededor de ella. "Es cierto, pero es más a causa de que los dos estamos ocupados. No tenemos tiempo para cocinar".

Un confortable canapé de cuero ocupaba la tercera parte de la habitación más cercana a la cubierta. Fue colocado de tal forma que todo el que se sentara en él tuviera una vista agradable del puerto.

A la izquierda estaba la oficina de Stefan, la cual abría también hacia la cubierta. Esta habitación, y la alcoba principal (alcoba del jefe de la familia), que estaba enfrente, contenían cuartos de baño ensuite. La alcoba maestra (principal) era cómoda y recibía luz solar todo el día.

La oficina de Mónica estaba a la derecha de la puerta frontal, entre otro baño y la cocina. Era la habitación más oscura del apartamento, y tenía una ventana que abría hacia el parqueadero de carros para visitantes.

Tracé un cuadrado mágico tres por tres sobre el plano del apartamento.

"Su oficina está en el sector de la riqueza", le dije a Stefan. "Esto es excelente, pues es en donde se hace la mayor parte de su trabajo. Una tercera parte de la sala está en el área de la fama. Es bueno que tenga su canapé aquí, ya que puede mejorar su reputación atendiendo pequeños grupos de personas en esta parte del apartamento. También debería colocar en este sector algunos de sus premios y fotografías".

Stefan y Mónica intercambiaron miradas.

Luego Mónica dijo, "no lo hacemos, porque pensamos que ello podría aumentar la envidia de las personas".

Yo sacudí mi cabeza. "No en esta parte de la casa. No necesitan mostrar todo. Podrían escoger una cosa cada uno, algo de lo que estén realmente orgullosos".

Nos dirigimos a la alcoba principal. "No podría estar mejor situada", dije. "Este es el sector del matrimonio, y es perfecto para relaciones íntimas. La habitación está bien iluminada y luce alegre y resplandeciente. El único factor desfavorable es el ensuite, que envía ch'i negativo a la alcoba".

"¿Qué podemos hacer respecto a eso?", preguntó Mónica.

"Yo mantendría la puerta cerrada y pondría un espejo sobre su parte exterior. Ya que un espejo grande reflejaría la cama, lo cual no es bueno desde el punto de vista del feng shui, usaría uno pequeño y redondo, y lo colocaría a una altura razonable sobre la puerta".

Pasamos de nuevo por la oficina de Stefan, y dije, "Aquí está el área problema", indicando el baño ensuite. "Este cuarto de baño está en el sector de la familia. Se relaciona con los amigos".

Mónica se rió y dijo, "¿Nuestros amigos se están yendo por el sanitario?".

Yo le respondí, "En cierto sentido sí. Este cuarto de baño necesita más rectificación que los otros. Idealmente debería desaparecer totalmente. Eso no es práctico, así que podemos hacer que desaparezca simbólicamente colocando un espejo sobre la parte exterior de la puerta".

"Aquí pueden tener un espejo mucho más grande, pues no existe el problema que se presenta con la cama. También deberían colocar espejos sobre paredes opuestas para hacer desaparecer simbólicamente toda la habitación. Si colocan estos remedios en las cuatro paredes sería aún mejor. Finalmente, deben usar este cuarto de baño lo menos posible".

Stefan encogió los hombros. "No hay problema. Dejaremos de usarlo".

Nos dirigimos de regreso a la sala y nos paramos en el centro del cuarto.

"Este es su centro espiritual o de la buena suerte", les dije. "Obviamente ambos están usando esta área, lo cual es perfecto, y la araña de luces aquí envía ch'i hacia toda la casa". Señalé los taburetes de la cocina. "Es bueno disfrutar comidas aquí también".

Luego indiqué la cocina. "La cocina y el ensuite están en el sector de los niños".

"¿Entonces los niños también están siendo desechados?"

"Correcto. Esta es una localización negativa si desean hijos".

Los dos sacudieron sus cabezas. "Yo tengo una familia ya crecida", dijo Stefan. "Y Mónica quiere enfocarse en su carrera. Así que no planeamos tener hijos, no ahora".

"Su área del conocimiento está en la siguiente puerta del apartamento", les dije, señalando la parte faltante de la vivienda sobre el plano. "Están ignorando simbólicamente ese sector de la casa. Ello significa que deberían remediar esto activando el área del conocimiento de una habitación dentro del apartamento. Me inclinaría a hacerlo en su oficina, Stefan. Usted podría tener un estante para libros a la izquierda de la puerta dentro de su oficina".

"El vestíbulo y el cuarto de baño están en el sector de la carrera. Esto realmente no es tan malo como parece. Ustedes no pueden ver el baño desde la puerta frontal. Cualquiera que entre por la puerta del frente verá parte de la sala, y luego el magnífico panorama más allá. Esto simboliza éxito y progreso". Lo único que sugeriría es..."

"Mantener cerrada la puerta del baño el mayor tiempo posible", interpuso Mónica.

"Sí, yo haría eso. También mantendría tapado el sanitario. Sería bueno que tuvieran esta área bien iluminada, pues no recibe luz solar directa".

Finalmente, observamos la oficina de Mónica. Su escritorio y su caballete de diseño miraban hacia la puerta. Instalaciones modernas de luces aseguraban que el ch'i fluyera en lo que de otra manera sería una habitación oscura.

"Este es su sector de los mentores", les dije. "Con toda esta iluminación aquí, no deberían tener problemas para atraer personas serviciales".

Mónica afirmó con la cabeza. "Nunca hemos tenido problemas respecto a eso".

Los visité dos semanas después para asegurarme que los remedios que sugerí habían sido adecuados correctamente. Una sonriente Mónica abrió la puerta y me invitó a entrar.

"¡Está funcionando!", dijo. "No puedo creer cómo todo cambió de la noche a la mañana".

Stefan salió de su oficina y se reunió con nosotros. Después de servir unos tragos, hizo un brindis por el feng shui, y dijo, "yo era escéptico, pero como algunos amigos afirmaban que sus vidas habían cambiado, pensé que no se perdía nada probándolo. Pero nunca esperé que los cambios fueran tan rápidos o dramáticos. No podríamos ser más felices ahora".

Stefan y Mónica eran ricos, exitosos y famosos, y vivían en un hermoso apartamento en el mejor sector de la ciudad. Tenían todo lo que el dinero puede comprar, pero fueron realmente felices sólo cuando hicieron unas pocas modificaciones usando el feng shui.

El otro caso en el que alguien deseaba aumentar su felicidad no podría ser más diferente.

Silvia vivía sola en un bungalow que había heredado de sus padres. Era mayor de 35 años, y había morado en la misma casa toda su vida.

"Mi padre falleció cuando yo tenía diez años", me dijo. "No puedo recordar mucho acerca de él. Era bueno y cariñoso. Cuando murió, mi madre se deprimió y, en cierta forma, creo que no se recuperó. Fue una minusválida los últimos siete años de su vida, y yo la cuidaba aquí, en esta casa. Falleció hace casi dos años".

El trabajo de Silvia tenía que ver con el arreglo de acreditaciones para clientes en una compañía de importación. Había trabajado ahí desde que dejó la secundaria.

"No fui al colegio", explicó. "Mi madre estaba mal de salud, y pensé que era mejor permanecer en casa para cuidarla".

Silvia se había considerado feliz teniendo a su madre viva. Sin embargo, ahora se encuentra sola, y prácticamente sin amigos. Tuvo algunos novios en su adolescencia, pero había rechazado todas las propuestas desde entonces.

"Realmente quiero una relación", me dijo. "Obviamente con el hombre indicado. Tendría que ser comprensivo y amable, pues soy totalmente inexperta respecto a esto. También deseo unos cuantos amigos. Conozco muchas personas en el trabajo, pero nadie me brinda una verdadera amistad".

"¿Sería feliz si encuentra la relación apropiada y hace algunos amigos?".

Silvia contestó, "Creo que sí. Es todo lo que necesito. Odio vivir con la sensación de que algo hace falta".

La casa de Silvia era modesta pero lucía atractiva desde afuera. Los jardines estaban bien cuidados, y los macizos de flores adornaban los lados del camino curvo que guiaba a la puerta frontal. Era una casa de madera que había sido pintada recientemente.

Desde la puerta frontal pude ver un pasillo y la entrada a la sala. Silvia me pidió tímidamente que entrara y tomara asiento. Las paredes de la sala estaban adornadas con cuarterones, lo cual hacía ver oscura la habitación.

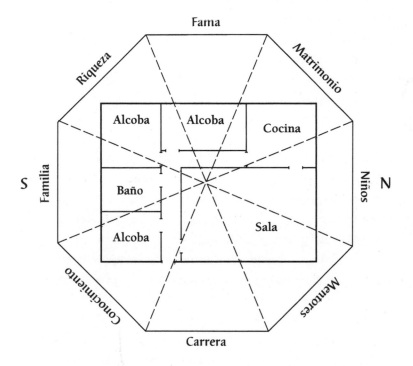

Figura 11B: Plano del apartamento de Silvia

Ella insistió en prepararme una taza de té, y mientras juntos lo tomábamos me habló de su vida, y de cómo habían cambiado las cosas desde la muerte de su madre.

Le expliqué algo acerca del feng shui, y luego le pedí que me mostrara la casa. Esta tenía tres alcobas, pero una era usada como comedor (Figura 11B). Esta habitación estaba al final de un shar creado por un pasillo que avanzaba desde la puerta frontal.

Había dos grandes problemas. La cocina estaba en el sector del matrimonio, y el cuarto de baño en el área de la familia. No es raro que Silvia tuviera problemas para hacer amigos y encontrar un compañero.

Silvia dormía en una alcoba que estaba en el sector de la riqueza, y el otro dormitorio, en el área del conocimiento, había sido ocupado por su madre.

Después de esta inspección nos sentamos de nuevo en la sala, tracé un plano de su casa, y coloqué un cuadrado mágico de tres por tres sobre él. Le expliqué lo que significaba cada sector, y cómo podía activar cualquiera de ellos. No fue una sorpresa que escogiera los sectores del matrimonio y la familia.

"Tenemos problemas con estos dos", le dije. "Afortunadamente, el feng shui tiene un remedio para prácticamente todo, y necesitamos hacer algo para activar estas áreas. Su sector del matrimonio está en la cocina. Esta no es una buena localización, pues significa que parte de su buena suerte fluye por el drenaje. Sin embargo, es una habitación donde usted pasa mucho tiempo, y podemos colocar algo romántico aquí para ayudar a inducir una relación. Debe ser alguna cosa que la haga pensar en amor y romance cada vez que la vea. Por ejemplo, tengo un amigo que usaba dos velas blancas para simbolizar una pareja. Otras personas que conozco han colgado carteles románticos."

Silvia expresó que sí con la cabeza. "Tengo algo que debería funcionar".

"Bien, ahora necesitamos hacer algunos cambios en su alcoba. Observe que tiene una cama sencilla".

"Es la que he tenido siempre".

"Eso está bien, pero también significa simbólicamente que ha de dormir sola. Debería reemplazarla por una cama doble, y asegurarse que pueda tener acceso por ambos lados. Hacer esto le ayudará a atraer un compañero. También debe activar el sector del matrimonio de su dormitorio, o sea el área que está diagonalmente a la derecha de la puerta. De nuevo, necesita algo romántico, podría ser un objeto pequeño, no se requiere que sea grande o vistoso".

"Ahora movámonos al sector de la familia. Debido a que está en el cuarto de baño, se opone a su deseo de atraer amigos. Afortunadamente hay un remedio simple. Puede hacer desaparecer simbólicamente la habitación usando espejos sobre paredes opuestas, y colocando otro sobre la parte externa de la puerta. También debe mantener la puerta de este baño cerrada el mayor tiempo posible".

"Sin embargo, habiendo hecho lo anterior, necesitará activar el sector de la familia en una de las otras habitaciones. Pienso que su sala sería el mejor lugar para ello. También es el sitio perfecto para exponer fotografías de parientes o amigos".

"También sería buena idea tener algo metálico en esta área". (Eso es debido a que Silvia nació en 1962 y pertenece al elemento agua. El metal ayuda a crear agua). Silvia es un K'un y vive en una casa Tui. Esto es bueno, ya que los dos triagramas pertenecen a las cuatro casas del Oeste.

No obstante, hay diversos problemas en su casa. La puerta frontal está en el sector de los seis shars, lo cual indica un potencial de problemas legales, o incluso escándalos. La habitación de su madre está también en este sector, y es bueno que Silvia decidiera no pasarse a esta habitación.

El área de la prosperidad está en la cocina, lo cual no es necesariamente negativo, pues Silvia pasa mucho tiempo aquí, y la iluminación es buena. El comedor (anteriormente una alcoba) está en la localización principal. Como Silvia pertenece al elemento agua, este sería el lugar perfecto para un acuario. El sector de la longevidad ocupa parte de la sala. Sería mejor que estuviera en el comedor, pero ya que la sala es un lugar donde todos los ocupantes pasan su tiempo, esta es una localización buena.

La alcoba de Silvia no podría estar mejor situada. El área de la salud es el mejor lugar para la alcoba principal (maestra). Por supuesto, el dormitorio que usaba su madre sería generalmente considerado como la alcoba principal, pero como Silvia ahora vive en su propia casa, se tiene en cuenta la habitación donde ella duerme.

El sanitario está ubicado perfectamente en el sector de los cinco fantasmas.

El área del desastre ocupa parte de la sala. Sería bueno que Silvia moviera su área de tertulia de esta parte de la habitación, pues probablemente los visitantes discutirían.

Silvia apuntó prácticamente todo lo que le recomendé, y dijo que comenzaría enseguida a realizar los cambios. Le aconsejé que hiciera las modificaciones lentamente. De esta forma se daría cuenta del efecto que cada cambio produce en su situación.

Me llamó un mes después para decirme que durante la semana anterior dos hombres le habían pedido que salieran. Ya que nadie lo había hecho durante varios años, estaba perpleja. Acepté su invitación para ir y ver lo que había hecho.

Había reemplazado su cama sencilla por una doble, y en el sector del matrimonio de su alcoba tenía un adorno hecho con corazones de metal magnético. En la cocina tenía un gran cartel que mostraba un corazón grande y rojo. Dentro de él, con letras vistosas, estaba el mensaje "¡Te amo!". En el sector del matrimonio de su sala se encontraba un marco en forma de corazón, que contenía un dibujo en caricatura de dos jóvenes casados. Era fácil deducir que los corazones representaban para Silvia amor y romance.

También había instalado cuatro espejos grandes dentro del cuarto de baño, y colgado uno en forma de corazón sobre la parte externa de la puerta.

"¿No cree que he exagerado la parte del amor?", me preguntó.

"Para nada", le aseguré. "Estoy seguro que a partir de ahora será una mujer extremadamente popular".

De hecho, le tomó menos de un año encontrar el compañero ideal. El parece perfecto para ella. Es un poco mayor de cuarenta años, y trabaja como contador en un banco. Ha estado solo durante diez años. Su esposa murió trágicamente en un accidente automovilístico. Yo estoy muy feliz de que Silvia haya podido traer tanta felicidad a su vida con sólo modificar las energías de su casa.

Aunque las anteriores son las únicas evaluaciones que he hecho donde el objetivo era una mayor felicidad, el propósito del feng shui es que el cliente disfrute alegría y abundancia en cada parte de su vida.

12

Conclusión

Quien no disfruta sus momentos felices no puede ser llamado afortunado; pero el que se siente feliz, incluso pasando dificultades, es el verdadero hombre culto.

—Proverbio chino

Espero que este libro lo motive a usar los principios del feng shui para que logre mayor felicidad en todos los aspectos de su vida. Durante miles de años este arte ha ayudado a que las personas alcancen sus objetivos.

La felicidad es una parte esencial de la vida. Hace muchos años conocí a un hombre que sufría de depresión. Todo solía ir bien en su vida y luego, repentinamente, caía en una gran depresión. El y su familia sufrían enormemente hasta que misteriosamente superaba su problema de nuevo, y podía continuar su vida normalmente. Esta enfermedad arruinaba totalmente su existencia y la de las personas que amaba. Esto me hizo dar cuenta que la felicidad es un regalo preciado, y que todo lo que la alimente es extremadamente valioso.

Los chinos tienen tres dioses conocidos como los "dioses de las estrellas". Estos son Fu'k, Lu'k, y Sau, y representan la felicidad, la riqueza y la longevidad. Probablemente habrá visto en restaurantes chinos estatuas de porcelana de estos venerables caballeros parados juntos, y otorgando bendiciones al propietario, el personal y los clientes.

Fu'k es un hombre distinguido que usa trajes reales y lleva un cetro. Lu'k está vestido similarmente y carga un niño (que simboliza la importancia que le daban los antiguos chinos a sus hijos y nietos para continuar la línea familiar). Sau es el más fácil de reconocer, ya que tiene la cabeza calva y una larga barba blanca. Lleva un gran bastón y un durazno.

Estas estatuas simbolizan los deseos de los chinos. Fu'k representa felicidad y buena fortuna. Lu'k indica prosperidad, una vida familiar feliz, y una carrera exitosa. Sau simboliza una larga vida.

Las figuras representan una afirmación silenciosa de todos los requerimientos de una vida exitosa y feliz. Usando el feng shui, podemos activar todas estas bendiciones. En este libro nos hemos enfocado en la felicidad. Sin embargo, espero que al leerlo se motive a estudiar más textos sobre el tema. Algunas personas hacen docenas de cambios al mismo tiempo. Es natural desear hacer todo inmediatamente, pero es mejor activar un sector a la vez. Haciéndolo de tal forma, podrá evaluar los resultados producidos por cada modificación. Encontrará que algunos cambios traen resultados asombrosos, mientras otros son más sutiles. Tome su tiempo, decida cuál área quiere activar primero, haga una o dos modificaciones, y luego espere unas cuantas semanas. Esté pendiente de lo que pueda ocurrir, y luego haga uno o dos cambios más. Podría necesitar varios meses para cambiar todo lo que desea, pero así tendrá una idea de qué cosas produjeron resultados efectivos.

Espero que haya disfrutado este libro, y que lo motive a continuar sus estudios sobre este interesante tema. Le deseo la mayor felicidad.

Apéndice

Elementos y signos para los años desde 1900 hasta el 2000

Elemento	Signo	Año
Metal	Rata	Ene. 31, 1900 a Feb. 18, 1901
Metal	Buey	Feb. 19, 1901 a Feb. 7, 1902
Agua	Tigre	Feb. 8, 1902 a Ene. 28, 1903
Agua	Conejo	Ene. 29, 1903 a Feb. 15, 1904
Madera	Dragón	Feb. 16, 1904 a Feb. 3, 1905
Madera	Serpiente	Feb. 4, 1905 a Ene. 24, 1906
Fuego	Caballo	Ene. 25, 1906 a Feb. 12, 1907
Fuego	Oveja	Feb. 13, 1907 a Feb. 1, 1908
Tierra	Mono	Feb. 2, 1908 a Ene. 21, 1909
Tierra	Gallo	Ene. 22, 1909 a Feb. 9, 1910
Metal	Perro	Feb. 10, 1910 a Ene. 29, 1911
Metal	Cerdo	Ene. 30, 1911 a Feb. 17, 1912
Agua	Rata	Feb. 18, 1912 a Feb. 5, 1913
Agua	Buey	Feb. 6, 1913 a Ene. 25, 1914
Madera	Tigre	Ene. 26, 1914 a Feb. 13, 1915

Madera	Conejo	Feb. 14, 1915 a Feb. 2, 1916
Fuego	Dragón	Feb. 3, 1916 a Ene. 22, 1917
Fuego	Serpiente	Ene. 23, 1917 a Feb. 10, 1918
Tierra	Caballo	Feb. 11, 1918 a Ene. 31, 1919
Tierra	Oveja	Feb. 1, 1919 a Feb. 19, 1920
Metal	Mono	Feb. 20, 1920 a Feb. 7, 1921
Metal	Gallo	Feb. 8, 1921 a Ene. 27, 1922
Agua	Perro	Ene. 28, 1922 a Feb. 15, 1923
Agua	Cerdo	Feb. 16, 1923 a Feb. 4, 1924
Madera	Rata	Feb. 5, 1924 a Ene. 24, 1925
Madera	Buey	Ene. 25, 1925 a Feb. 12, 1926
Fuego	Tigre	Feb. 13, 1926 a Feb. 1, 1927
Fuego	Conejo	Feb. 2, 1927 a Ene. 22, 1928
Tierra	Dragón	Ene. 23, 1928 a Feb. 9, 1929
Tierra	Serpiente	Feb. 10, 1929 a Ene. 29, 1930
Metal	Caballo	Ene. 30, 1930 a Feb. 16, 1931
Metal	Oveja	Feb. 17, 1931 a Feb. 5, 1932
Agua	Mono	Feb. 6, 1932 a Ene. 25, 1933
Agua	Gallo	Ene. 26, 1933 a Feb. 13, 1934
Madera	Perro	Feb. 14, 1934 a Feb. 3, 1935
Madera	Cerdo	Feb. 4, 1935 a Ene. 23, 1936
Fuego	Rata	Ene. 24, 1936 a Feb. 10, 1937
Fuego	Buey	Feb. 11, 1937 a Ene. 30, 1938
Tierra	Tigre	Ene. 31, 1938 a Feb. 18, 1939
Tierra	Conejo	Feb. 19, 1939 a Feb. 7, 1940
Metal	Dragón	Feb. 8, 1940 a Ene. 26, 1941
Metal	Serpiente	Ene. 27, 1941 a Feb. 14, 1942
Agua	Caballo	Feb. 15, 1942 a Feb. 4, 1943
Agua	Oveja	Feb. 5, 1943 a Ene. 24, 1944
Madera	Mono	Ene. 25, 1944 a Feb. 12, 1945

Madera	Gallo	Feb. 13, 1945 a Feb. 1, 1946
Fuego	Perro	Feb. 2, 1946 a Ene. 21, 1947
Fuego	Cerdo	Ene. 22, 1947 a Feb. 9, 1948
Tierra	Rata	Feb. 10, 1948 a Ene. 28, 1949
Tierra	Buey	Ene. 29, 1949 a Feb. 16, 1950
Metal	Tigre	Feb. 17, 1950 a Feb. 5, 1951
Metal	Conejo	Feb. 6, 1951 a Ene. 26, 1952
Agua	Dragón	Ene. 27, 1952 a Feb. 13, 1953
Agua	Serpiente	Feb. 14, 1953 a Feb. 2, 1954
Madera	Caballo	Feb. 3, 1954 a Ene. 23, 1955
Madera	Oveja	Ene. 24, 1955 a Feb. 11, 1956
Fuego	Mono	Feb. 12, 1956 a Ene. 30, 1957
Fuego	Gallo	Ene. 31, 1957 a Feb. 17, 1958
Tierra	Perro	Feb. 18, 1958 a Feb. 7, 1959
Tierra	Cerdo	Feb. 8, 1959 a Ene. 27, 1960
Metal	Rata	Ene. 28, 1960 a Feb. 14, 1961
Metal	Buey	Feb. 15, 1961 a Feb. 4, 1962
Agua	Tigre	Feb. 5, 1962 a Ene. 24, 1963
Agua	Conejo	Ene. 25, 1963 a Feb. 12, 1964
Madera	Dragón	Feb. 13, 1964 a Feb. 1, 1965
Madera	Serpiente	Feb. 2, 1965 a Ene. 20, 1966
Fuego	Caballo	Ene. 21, 1966 a Feb. 8, 1967
Fuego	Oveja	Feb. 9, 1967 a Ene. 29, 1968
Tierra	Mono	Ene. 30, 1968 a Feb. 16, 1969
Tierra	Gallo	Feb. 17, 1969 a Feb. 5, 1970
Metal	Perro	Feb. 6, 1970 a Ene. 26, 1971
Metal	Cerdo	Ene. 27, 1971 a Ene. 15, 1972
Agua	Rata	Ene. 16, 1972 a Feb. 2, 1973
Agua	Buey	Feb. 3, 1973 a Ene. 22, 1974
Madera	Tigre	Ene. 23, 1974 a Feb. 10, 1975

Madera	Conejo	Feb. 11, 1975 a Ene. 30, 1976
Fuego	Dragón	Ene. 31, 1976 a Feb. 17, 1977
Fuego	Serpiente	Feb. 18, 1977 a Feb. 6, 1978
Tierra	Caballo	Feb. 7, 1978 a Ene. 27, 1979
Tierra	Oveja	Ene. 28, 1979 a Feb. 15, 1980
Metal	Mono	Feb. 16, 1980 a Feb. 4, 1981
Metal	Gallo	Feb. 5, 1981 a Ene. 24, 1982
Agua	Perro	Ene. 25, 1982 a Feb. 12, 1983
Agua	Cerdo	Feb. 13, 1983 a Feb. 1, 1984
Madera	Rata	Feb. 2, 1984 a Feb. 19, 1985
Madera	Buey	Feb. 20, 1985 a Feb. 8, 1986
Fuego	Tigre	Feb. 9, 1986 a Ene. 28, 1987
Fuego	Conejo	Ene. 29, 1987 a Feb. 16, 1988
Tierra	Dragón	Feb. 17, 1988 a Feb. 5, 1989
Tierra	Serpiente	Feb. 6, 1989 a Ene. 26, 1990
Metal	Caballo	Ene. 27, 1990 a Feb. 14, 1991
Metal	Oveja	Feb. 15, 1991 a Feb. 3, 1992
Agua	Mono	Feb. 4, 1992 a Ene. 22, 1993
Agua	Gallo	Ene. 23, 1993 a Feb. 9, 1994
Madera	Perro	Feb. 10, 1994 a Ene. 30, 1995
Madera	Cerdo	Ene. 31, 1995 a Feb. 18, 1996
Fuego	Rata	Feb. 19, 1996 a Feb. 6, 1997
Fuego	Buey	Feb. 7, 1997 a Ene. 27, 1998
Tierra	Tigre	Ene. 28, 1998 a Feb. 15, 1999
Tierra	Conejo	Feb. 16, 1999 a Feb. 4, 2000
Metal	Dragón	Feb. 5, 2000

Notas

Introducción

1. Joseph Spence, *Anecdotes* (Londres, 1756).
2. Lin Yutang, *The Importance of Living* (Londres: William Heinemann Limited, 1937), 133.
3. Lin Yutang, *The Importance of Living,* 140–141.

Capítulo uno

1. Benjamin Disraeli, *Contarini Fleming* (Londres, 1832).
2. Confucius, según *The Spirit of the Chinese Character* por Barbara Aria y Russell Eng Gon (San Francisco: Chronicle Books, 1992), 72.
3. Más información sobre la historia y desarrollo del cuadrado mágico "tres por tres" puede ser encontrado en *Numerology Magic* por Richard Webster (St. Paul: Llewellyn Publications, 1995).

Capítulo cuatro

1. Lillian Too, *Feng Shui* (Malaysia: Konsep Lagenda Sdn Bhd., 1993), 33.
2. Frena Bloomfield, *The Book of Chinese Beliefs* (Londres: Arrow Books Limited, 1983), 23.
3. Richard Webster, *Feng Shui for Beginners* (St. Paul: Llewellyn Publications, 1997), 8.
4. Ong Hean-Tatt, *Secrets of Ancient Chinese Art of Motivation* (Malaysia: Pelanduk Publications (M) Sdn Bhd, 1994), 51.

Capítulo siete

1. Joseph Campbell según *Altars Made Easy* por Peg Streep (New York: HarperSanFrancisco, 1997), 1.
2. Richard Webster, *Omens, Oghams and Oracles* (St. Paul: Llewellyn Publications, 1995), 39–41.
3. Richard Webster, *Spirit Guides and Angel Guardians* (St. Paul: Llewellyn Publications, 1998), 123–129.

Capítulo ocho

1. Richard Webster, *Feng Shui for Beginners,* xxiv.
2. J. Dyer Ball, *Things Chinese* (Singapore: Graham Brasch (Pte) Limited, 1989. Publicado originalmente en 1903.), 245.
3. Richard Webster, *Feng Shui in the Garden* (St. Paul: Llewellyn Publications, 1999).

4. Ong Hean-Tatt, *Chinese Animal Symbolisms* (Malaysia: Pelanduk Publications (M) Sdn. Bhd., 1993), 246.

5. Karen Kingston, *Creating Sacred Space with Feng Shui* (New York, NY: Broadway Books, 1997), 125.

Capítulo nueve

1. No todos creen que Lao-tzu existió. El nombre Lao-tzu significa "venerable filósofo" y el *Tao Te Ching* pudo haber sido una recopilación de escrituras de diferentes personajes. En su libro *Religions of China* (San Francisco: Harper and Row, 1986) Daniel L. Overmyer dice que el autor del Tao Te Ching, es desconocido. (página 121).

2. Walter T. Stace, *The Teachings of the Mystics* (New York, NY: New American Library, 1960), 102.

3. Chinghua Tang, *A Treasury of China's Wisdom* (Beijing: Foreign Languages Press, 1996), 387.

4. *Encyclopaedia Britannica* (Chicago, IL: Encyclopaedia Britannica, Inc., 15th edition, 1983) Volume 10, 680.

5. Barbara Aria y Russell Eng Gon, *The Spirit of the Chinese Character,* 19.

6. *Encyclopaedia Britannica*, Volume 10, 681.

7. Lin Yutang, *The Wisdom of China* (Londres: Michael Joseph Limited, 1944), 242.

8. J. Dyer Ball, *Things Chinese* (Singapore: Graham Brasch (Pte) Limited, 1989. Publicado originalmente en 1903), 157.

Glosario

Afirmaciones silenciosas: Una afirmación es una frase o sentencia corta que se repite una y otra vez para inculcar pensamientos positivos en la mente. Un ejemplo famoso de Emil Coué es: "Todos los días y en todo sentido estoy mejorando". En Oriente las personas usan estas afirmaciones empleando objetos que inmediatamente les incitan pensamientos o dichos positivos. El pez dorado hace pensar a los asiáticos en progreso; un contenedor de metal con unas cuantas monedas, localizado en el sector de la riqueza de un escritorio, induce pensar en dinero cada vez que es visto.

Ciclo de Destrucción: Los cinco elementos de la astrología china pueden ser organizados de diferentes formas. En el ciclo destructivo, cada elemento domina al que sigue en el ciclo: el fuego funde el metal, el metal destruye la madera, la madera drena la tierra, la tierra puede represar y bloquear el agua, y el agua apaga el fuego.

Ciclo de Producción: En el ciclo productivo, cada elemento ayuda a crear y apoyar el elemento que lo sigue. De este modo, la madera arde y crea fuego, el fuego produce tierra, ésta produce metal, el metal se liquida, lo cual simboliza la creación de agua, y ésta a su vez nutre y crea madera.

Cinco elementos: El feng shui usa los cinco elementos de la astrología china. Estos son: madera, fuego, tierra, metal y agua. Cada uno tiene su propia energía, y las diferentes combinaciones de ellos juega un papel importante en el arte del feng shui. Los elementos pueden armonizar (como en el ciclo de producción), u oponerse entre sí (como en el ciclo de destrucción).

Confucio (551–479 a. de. C.): Filósofo que desarrolló un concepto de moral y orden social que simboliza el mundo perfecto con todo en su lugar correcto. Este ideal también representa rectitud, buenas maneras, justicia, e incluso fe. El confucianismo es una filosofía que incluye ética personal, empatía, y una profunda compasión por los demás. Confucio abogó por seguir el camino medio, evitando extremos, excesos, o sobreindulgencia. Creía que enseñando a las personas a ser honestas y compasivas, el mundo sería un lugar más armonioso y feliz.

Cuadrado mágico: Una serie de números arreglados de tal forma que todas las hileras horizontales, verticales y diagonales suman el mismo número. El cuadrado mágico

ha sido popular en China durante miles de años. Fue
encontrado por Wu de Hsia en el caparazón de una tortuga, y fue la base del feng shui, el I ching, y la astrología y numerología china.

Cuatro Casas del Este: Las casas Li, K'an, Chen y Sun, se
derivan de las ocho direcciones indicadas por el pa-kua
de ocho lados. Pueden ser resumidos de esta forma:

Casa	Dirección de la puerta trasera	Elemento
Li	Sur	Fuego
K'an	Norte	Agua
Chen	Este	Madera
Sun	Sureste	Madera

Cuatro casas del Oeste: Chien, K'un, Ken y Tui, y representan cuatro de las ocho direcciones indicadas por el
pa-kua de ocho lados. Pueden ser resumidos como
sigue:

Casa	Dirección de la puerta trasera	Elemento
Chien	Noroeste	Metal
K'un	Suroeste	Tierra
Ken	Noreste	Tierra
Tui	Oeste	Metal

Ch'i: La fuerza vital universal encontrada en todas las
cosas. Continuamente está siendo creado y disipado. Lo
que es hermoso por naturaleza crea ch'i, al igual que
cualquier tarea desarrollada perfectamente.

Escuela de Forma: La versión original del feng shui. El practicante de este sistema observa los contornos del paisaje para hacer sus evaluaciones.

Escuela de la Brújula: Hay dos grandes escuelas de feng shui, la escuela de forma y la escuela de la brújula. Esta última usa el pa-kua, los ocho triagramas y la astrología china para evaluar el feng shui de cualquier situación. En los últimos siglos, la mayoría de practicantes de feng shui han usado una combinación de las dos escuelas para hacer sus evaluaciones.

Feng Shui: Significa "viento y agua". Es el arte y la práctica de vivir en armonía con la tierra; si lo hacemos, podremos disfrutar una vida llena de felicidad y abundancia. El feng shui tiene una historia que data de cinco mil años. Anteriormente era practicado sólo en Oriente, pero en tiempos recientes se ha extendido su uso alrededor del mundo, y hoy día es más popular que nunca antes.

Lao-Tze: Nació aproximadamente en el año 570 a. de C., y es considerado el padre del taoísmo. Su filosofía planteaba que las cosas se deben dejar fluir, para que tomen su propio curso, pues al final todo se resolverá sin esfuerzo alguno. Sus ideas fueron registradas en el Tao Te Ching.

Pa-kua: Es de forma octogonal, y usualmente tiene en el centro un espejo o el símbolo del yin-yang. Los ocho triagramas del I ching son trazados alrededor del objeto central. Los pa-kuas son frecuentemente encontrados colgando arriba de las puertas de las casas chinas, como símbolos de protección o talismanes de buena suerte. También son usados para rechazar los shars que afectan la puerta frontal de la vivienda.

Remedios: Aveces conocidos como "curas"; son cualquier cosa que elimine o bloquee los efectos de un shar. También son empleados para corregir desequilibrios de los cinco elementos en una situación dada. Una pared levantada para obstaculizar un shar, sería considerada un remedio.

Shars: Se conocen como "flechas venenosas". Son líneas de energía negativa que traen un potencial de desgracias y mala suerte. Se consideran shars cualquier línea recta que apunte directamente hacia usted, o un camino que avance derecho hacia una casa que se encuentra ubicada en un cruce en T. Los ángulos como los formados por dos paredes de una casa, crean flechas que afectan adversamente cualquier cosa que estén apuntando.

Triagramas: Los ocho triagramas comprenden todas las combinaciones posibles de tres líneas continuas o fraccionadas. Las continuas son consideradas yang, y representan la energía masculina; y las divididas son yin, y simbolizan la energía femenina. Los hexagramas del I ching son hechos con dos triagramas, uno encima del otro.

Yin y Yang: Representan opuestos en la filosofía taoísta. El término yin-yang nunca ha sido definido, pero han sido creadas listas de contrarios para representarlo. Por ejemplo, negro es yin, y blanco es yang; noche es yin, y día es yang. Otros ejemplos son: hombre y mujer, bajo y alto, frío y caliente. El concepto se originó por la observación de los dos lados de una montaña. El lado norte y sombreado era yin, y la falda sur y soleada era yang. Esta visión dualística del mundo es una parte importante del concepto de feng shui.

Índice

LLEWELLYN ESPAÑOL

lecturas para la mente y el espíritu...

Richard Webster

FENG SHUI PARA LA CASA

Aprenda cómo transformar su hogar en una
fuente de felicidad y prosperidad. Al realizar
cambios sencillos, podrá atraer las fuerzas de
la naturaleza hacia usted para llevar una vida
llena de salud, riqueza y felicidad.

5³⁄₁₆" x 8¼" • 176 pgs.

1-56718-810-9

Richard Webster

FENG SHUI PARA EL APARTAMENTO

Ya sea que viva en un edificio de apartamentos
o en un pequeño dormitorio, puede
beneficiarse del ancestral arte del Feng Shui.
Realice sutiles cambios en su hogar,
invirtiendo muy poco o nada de dinero,
para transformar por completo su vida.

5³⁄₁₆" x 8¼" • 160 pgs.

1-56718-785-4